Tin Pohl

DIE EINFACHHEIT DES SEINS

Tin Pohl

Die Einfachheit des Seins

Paramon Verlag

Die Deutsche Nationalbibliothek verzeichnet diese Publikation in der Deutschen Nationalbibliografie; detaillierte bibliografische Daten sind im Internet über dnb.dnb.de abrufbar. Die Schweizerische Nationalbibliothek (NB) verzeichnet aufgenommene Bücher unter Helveticat.ch und die Österreichische Nationalbibliothek (ÖNB) unter onb.ac.at.

Unsere Bücher werden in namhaften Bibliotheken aufgenommen, darunter an den Universitätsbibliotheken Harvard, Oxford und Princeton.

Tin Pohl:
Die Einfachheit des Seins
ISBN: 978-3-03830-365-7

Buchsatz: Danny Lee Lewis, Berlin: dannyleelewis@gmail.com

Paramon® ist ein Imprint der
Europäische Verlagsgesellschaften GmbH
Erscheinungsort: Zug

Sie finden uns im Internet unter:
www.Deutsche-Literaturgesellschaft.de

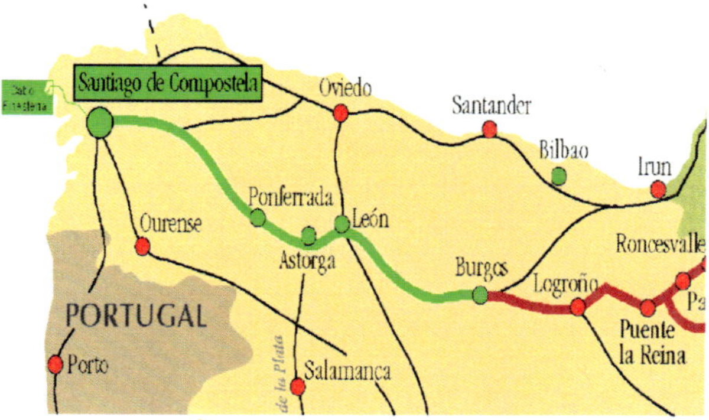

Camino de Santiago – Spanien

Dieses Buch ist meinem Bruder Alexander gewidmet, welcher bereits mit 7 ½ Monaten starb und seinen Weg auf Erden nicht lange gehen konnte und meiner Tochter, die jetzt 16 Jahre alt ist und ihren eigenen Weg möglichst ohne große Hindernisse gehen soll und darf, sowie für alle Menschen die ihren eigenen Weg gehen wollen.

Inhalt

Prolog

1986, in tiefsten DDR-Zeiten habe ich nach der Lehre als Automechaniker begonnen mein Abitur in der Abendschule nachzuholen. Ich hatte mit dem Betriebsdirektor und dem Kaderleiter (Personalleiter) einen Qualifizierungsvertrag abgeschlossen. Durch diesen hätte ich die große Ehre gehabt, meinen Weg zu gehen, verbunden mit dem Privileg einen ausgewählten Studiengang zum Kfz-Ingenieur und Lehrpädagogen zu absolvieren.

Doch es kam anders! Leider wollte man dann, dass ich in die Sozialistische Einheitspartei Deutschlands, kurz SED genannt, als spätere Vorbildwirkung im Lehrauftrag, eintrete. Außerdem sollte ich auch noch bei der Staatssicherheit mitmischen. Was für ein Tausch, mein Weg gegen Selbstverrat, und das größte Schnitzel für den Spitzel sollte der Lohn sein!

Jung wie ich war, trotzte ich, schmiss mein Abi hin und beantragte gleich am nächsten Tag einen Ausreiseantrag in die BRD. Damit waren einerseits meine Träume vom Studium sowie einer Studienreise, bei der ich mal ganz allein unterwegs sein wollte, so zusagen nur mit mir, hin.

Mit dem Ausreiseantrag wurde ich dann auch gleich im Berufsleben benachteiligt. War ich etwa, nur weil ich meine eigenen Vorstellungen umsetzen wollte, Staatsfeind geworden?

Zeitgleich mit der Wende wurde auch meinem Ausreisantrag stattgegeben. Ich landete in der Nähe von Augsburg. Dort arbeitete ich als Mechaniker in verschiedenen Unternehmen und stieg in den kaufmännischen Bereich auf.

Gleichzeitig wurde ich als Ostdeutscher im Westen vollkommen verblendet und verblödete immer mehr im Konsumrausch. Ich hatte ja auch seit meiner Geburt (1967) ganz schön was entbehren müssen in der DDR! Es musste plötzlich alles sein, Urlaub am Meer, Auto, Motorrad und Levis 501, gewaschen mit Persil.

Die Räder drehten sich immer schneller, die Gesellschaft veränderte sich, die Informationsüberflutung breitete sich aus, die Medien suggerierten nur noch Idealbilder, jeder wollte der Beste, Schönste, Erfolgreichste sein, ich natürlich mittendrin. So kam es, dass ich weiter aufstieg – Karriere und noch einen Berufsabschluss machte, sowie noch zwei Studiengänge nach Feierabend absolvierte. Aber statt das ich mich füllte, ich meine hier mit Zufriedenheit, wurde ich immer leerer. Ich machte natürlich immer weiter, leitete dann irgendwann ein Autohaus, übernahm dann die Leitung eines Bildungsunternehmens, war Marketingmanager und ganz zum Schluss fiel ich auf die Schnauze – arbeitslos.

Nun hatte ich ja ganz gut verdient und fiel weich in die soziale Hängematte. Aber damit konnte ich mich nicht abgeben und versuchte mein Glück als selbständiger Unternehmensberater. In der Hoffnung, den Menschen in den klein- und mittelständigen Unternehmen in Deutschland Wissen und

Erfahrungen zu bringen, merkte ich ganz schnell, dass die meisten Firmen Klimmziehen am Brotkasten bei den Banken machten, sowie große Angst vor Veränderungen hatten. Ja, die meisten waren wirklich bei allen Umbrüchen und Bewegungen in der Wirtschaft regelrecht erstarrt.

Nun fragte ich mich, wo stehst du? Wie verblödet und manipuliert bist du selbst schon? Was ist dir denn überhaupt wichtig? Was ist dein Ziel? Unglaublicher Weise wusste ich, obwohl ich so viel wusste, nichts mehr! Das Einzige, was ich noch wusste, ich wollte schon immer meinen eigenen Weg gehen, ich wusste nur nicht mehr, welcher das war.

Ich dachte, dann gehst du eben als erstes den Weg, den du allein schon einmal für dich in einem Sommer irgendwann während des Studiums in der DDR gehen wolltest. Dieser Weg wäre damals sowieso eingegrenzt gewesen, schließlich war die Deutsche Demokratische Republik nicht so groß. Jetzt aber hatte ich zum Glück durch die große Freiheit viel größere Möglichkeiten, denn ich konnte je nach Finanzlage die ganze Welt bereisen. Wie früher auch schon einmal, nur der Rucksack und du. So kam es, dass ich von Lugano in der Schweiz nach Genua in Italien laufen wollte. Ca. 550 km über die Berge und durch die Täler bis hin ans Mittelmeer.

Doch es kam wieder anders! Eine Freundin von mir, ihres Zeichens Buchhändlerin, brachte mir Paulo Coehlos »Jakobsweg – Tagebuch einer Pilgerreise nach Santiago de Compostela« mit. Das Buch riss mich förmlich vom Hocker und ich sah ein Licht am Ende des Tunnels. Der Beginn des Tunnels hier und das Licht in Santiago. Innerhalb von zwei Tagen hatte ich alle Informationen über den Weg bis hin zur Packliste eingeholt, buchte Flüge und wartete auf den 16. August 2006.

Gibt es noch Hilfsbereitschaft unter den Menschen?

16. August 2006 Dresden – Mallorca – Bilbao – Burgos (3.000 km)

Die ganze Nacht hatte ich nicht geschlafen, weil ich so aufgeregt war einmal allein loszuziehen und wegen meiner tierischen Flugangst. Ich bin zwar schon geflogen, aber da war immer jemand dabei, so dass ich nicht allein hätte sterben müssen. Naja, dies war wahrscheinlich die Angst vor dem Loslassen. Und heute wird man ja auch geprägt, dass immer alles perfekt sein soll und somit immer kontrolliert werden muss, sowie dass man ständig kontrolliert wird. Da ist es sicher kein Wunder, dass man auch ein Kontrollfreak wird und Angst hat einmal loszulassen.

Mein sorgenvoller Papa holte mich gegen 8:00 Uhr morgens ab und brachte mich nach Dresden auf den Flughafen. Nach einem kurzen und schnellen Abschied checkte ich ein, nahm noch einen Kaffee und eine Angstzigarette in der Wartehalle mit, und wankte zum Sterben bereit in die Boing 747-800 von Air-Berlin. Beim Start krampfte ich mich ganz schön am Sitz fest und während des Fluges streichelte ich ca. aller 20 Minuten das Flugzeug mit meinen verschwitzten Händen an der Innenseite, wo ich saß. Bei der Landung in Mallorca verstärkte ich meine Bemühungen um die Boing und klopfte immer leicht beruhigend von innen gegen die Bordwand bis sie aufsetzte.

Geschafft, hurra ich lebe noch, genauso habe ich mich gefühlt, als ich aus der Maschine stieg. Aber sofort musste ich mir eingestehen, dass ich in knapp 2 Stunden wieder Angst haben durfte, dann ging es weiter mit Air- Berlin nach Bilbao. Dieser Flug lief ähnlich ab, nur dass es ein Airbus A320 war und die Landung in Bilbao über dem Baskenland mit extremen Seitenwinden verbunden war, so dass ich dachte, jetzt ist es soweit. Aber ich kam wieder heil runter und schlenderte aus dem Flugplatz mit meinem Rucksack zur Mietwagenstation von AVIS. Mittlerweile war es 17:30 Uhr.

Als ich dann meinen Mietwagen kurz und bündig übernommen hatte, fuhr ich in Richtung Burgos davon. Knapp 180 km lagen vor mir und die Station zur Abgabe des Wagens war irgendwo mitten in Burgos, also in einer für mich fremden und großen Stadt. Als ich gegen 19:45 Uhr dort aufschlug, war ich total überrascht wie groß die Stadt wirklich war. Ich schätz einmal 15 km lang und 4 km breit und in der Mitte entspringt kein Fluss, sondern er fließt dahin. Nachdem ich nun mehrmals durch die ganze Stadt gegondelt war und keine Station zur Abgabe des Wagens finden konnte, hielt ich vor einer kleinen Kirche an. Dort stand ein typischer älterer Spanier im braunen Anzug da, mit der Hand im Jackett wie Napoleon. Da ich kein Spanisch konnte und er weder Englisch noch Deutsch verstand und ich ihm immer wieder meine Mietwagenbuchung mit der Abgabeadresse unter die Nase hielt, stieg er einfach mit in mein Auto und lotste mich an das andere Ende der Stadt. Unglaublich, da hatte ich plötzlich einen wildfremden Scout in einer fremden Stadt in meinem Wagen und der zeigte mir den Weg genau zur Abgabestation. Dort gegen 20:30 Uhr angekommen war ich überglücklich und ich drückte erst einmal meinen fremden Führer. Ich bedankte mich und wollte ihm wenigstens den Bus oder das Taxi zurück bezahlen. Aber er wollte nichts von mir! Im Gegenteil er drückte mir mit Händen und Füßen aus, dass es ihm eine Ehre war einem Pilger zu helfen und ich sollte für ihn in Santiago de Compostela ein Gebet sprechen. Ich kam mir vor wie ein Heiliger und war sehr verwundert über die Hilfsbereitschaft, welche ich von zu Hause nicht so gewöhnt war. Aber es sollte noch verrückter werden.

Nach dem ich die Unterlagen und den Schlüssel in den Briefkasten von AVIS gesteckt hatte, machte ich mich mit meinen 8,3 kg (mein Rucksack) auf die Socken. Ich wusste, dass die von mir ausgesuchte Herberge »El Paral« gegen 22:00 Uhr schließt und am Ende der Stadt lag. Leider lief ich genau in die falsche Richtung auf der Calla Vitoria. Ich lief nicht in Richtung Santiago, sondern genau in die Gegenrichtung. Als ich so ziemlich an dem einem Ende der Stadt war, hatte ich das Gefühl nicht richtig zu sein. Es ähnelte überhaupt nicht mehr der Beschreibung in meinem schlauen Reiseführer und ich war langsam so ziemlich fertig und war ja auch noch knapp 4 km durch die Stadt gelaufen. So ging ich ins Polizeirevier auf der anderen Straßenseite.

Wieder ein älterer Mann, welcher weder Englisch noch Deutsch verstand. Aber er hatte viele Sterne auf seiner Uniform und hieß Ferdino und war so was wie der Chef der Polizeistation. Ich übersetzte ihm mit meinem kleinen Reisewörterbuch ins Spanische, dass ich Peregrino (Pilger) bin und die Albergue (Herberge) »El Paral« suche. Da wir uns nur sehr schwer verständigen konnten, ging Ferdino einfach mit auf die Straße und hielt den Bus an. Er erklärte dem Busfahrer, welchen er offensichtlich kannte, wo ich hin will. Ich war wieder einmal gerührt und fing fast an zu weinen, als ein junger Spanier auch noch einen Busfahrschein für mich löste und ihn bezahlte. Fünf Stationen weiter schrieb mir die gute Busfahrerseele einen Zettel für den nächsten Bus, mit den Notizen für die nächsten 5 Stationen und einer kurzen Wegbeschreibung von der letzten Station zu Fuß zur Herberge.

Da stand ich also an der Bushaltestelle und wartete auf meinen nächsten Bus, welcher mich 5 Stationen weiter bringen sollte. Nun war es auch schon 21:30 Uhr und ich hatte kaum eine Chance die Herberge vor Schließung noch zu erreichen. Es fing an zu regnen und es wurde auch langsam kalt. Zu meinem Entsetzen hielt dann plötzlich ein Polizeiauto vor der Bushaltestelle und zwei Beamte stiegen aus und kamen direkt auf mich zu. Ich dachte »Scheiße jetzt wirst du auch noch verhaftet«.

Doch es kam wieder anders. Der jüngere Polizist sprach mich auf Englisch an und fragte »You Tin from Germany?« Ich antwortete mit »Yes«. Er erklärte mir dann in Englisch, dass ihn Ferdino, sein Chef, schickt und ich nun mit dem Polizeiwagen zur Herberge gebracht werde. Daraufhin liefen mir dann ein paar dicke Kullertränen die Wangen herunter, ich war vollkommen überfordert mit dem was hier auf dem Jakobsweg, auf dem ich mich gerade noch nicht wissend befand, so alles passiert. Gefasst stieg ich dann hinten in den Polizeiwagen ein, zu meiner Belustigung waren die Sitze aus Hartplaste, die Scheibe im Innenraum nach vorn war vergittert und es gab keine Hebel oder Kurbeln, um die Seitenscheiben, noch die Türen, von innen zu betätigen.

Fast vor der Herberge setzten mich meine beiden Polizeiengel ab und wir machten noch einen kleinen englischen Plausch. Nach einem herzlichen Abschied lief ich noch über die Straße und 150 Meter in einen Park direkt an die Herberge »El Paral«, es war genau 22:00 Uhr. In der Herberge wartete man bereits auf mich, denn Ferdino hatte auch noch angerufen, falls es später bei mir werden würde. Dies wurde mir gleich von der Herbergsleitung verkündet.

Leider war die Herberge voll und ich musste mit ca. 50–60 anderen Pilgern in der Turnhalle des Sportcenters auf der anderen Straßenseite schlafen. Mir war das aber völlig egal, weil ich fix und fertig von den Strapazen des Tages war. Ich trank noch etwas Leitungswasser, aß drei leckere aber trockene Müsliriegel, rollte meine Isomatte und meinen Schlafsack auf dem Turnhallenfußboden aus und versuchte zu schlafen. Zu meinem Leid regnete es sehr stark und das gewölbte Plexiglasdach machte solche starken Geräusche, dass ich im Resonanzraum (Turnhalle) unmöglich auch nur ansatzweise schlafen konnte. Ich denke dies ging dort meinen Pilgerkollegen ebenso und so lagen wir eben alle bis kurz vor Sonnenaufgang wach.

Wer ist Gott?

17. August 2006 Burgos – Tardajos – Rabe de las Calzades – Hornillos del Camino (19,5 km)

6:30 Uhr ein Raunen, Murren und Kratzen – die Pilger, falls Einer, darunter war, welcher überhaupt in der Turnhalle geschlafen hatte, erwachten. Unter Ihnen erwachte auch ich, obwohl ich ja nicht munter werden brauchte, denn ich hatte nicht geschlafen. Nach einem Schluck aus der Wasserleitung und einem Corny-Riegel, packte ich meine Sachen und ging hinaus ins dunkle Nichts.

Auf den menschenleeren Straßen suchte ich nach einem Cafe oder einer kleinen Bar und landete schließlich an der Tankstelle zum Frühstück. Dort kaufte ich mir ein Baguette, eine Packung eingeschweißten Schinken und holte mir einen Automaten-Kaffee. Ich muss wirklich wie einer vom Mond ausgesehen haben, denn die beiden Verkäuferinnen schauten mich misstrauisch an. Mir war das aber vollkommen Schnuppe, denn ich hatte ja nun seit dem Flug Dresden – Mallorca nichts mehr gegessen außer leckeren Cornys.

Gestärkt und höchst motiviert machte ich mich auf den Weg. Ja, wo war denn der Weg gleich noch einmal? Ich dachte, am besten kommst du, wenn du zur Kathedrale läufst. Ab da wird dann der Weg, wie im Reiseführer beschrieben, ausgewiesen sein. Bis zur Kathedrale lief ich ca. eine halbe Stunde, wieder einmal unbewusst in die entgegengesetzte Richtung. Die Straßen waren vollkommen leergefegt und nirgendwo war auch nur ein Lebewesen zu sehen, denn ganz Burgos schlief noch. Mit aufgehender Sonne stand ich vor der von Nebel verhüllten riesigen Kathedrale und war erfüllt voller Zuversicht und Optimismus für meinen weiteren Weg.

300 Meter entfernt entdeckte ich schließlich mein erstes Zeichen. Ein wunderbarer fast golden glänzender gelber Pfeil auf einer Sandsteinsäule an der Straße – ich hatte Gänsehaut. Ein Stück weiter fand ich auch noch Muscheln aus Messing auf dem gepflasterten Weg, welche mir den Weg bis wieder hinunter zur Tankstelle am Fluss wiesen, wo ich vorher gefrühstückt hatte. Von da aus wusste ich dann wie ich zurück zur Herberge kam, an welcher der Jakobsweg aus der Stadt führte. Vorbei an der altertümlichen Universität von Burgos und an einem Pilgerdenkmal führten mich die gelben Pfeile und Muschelzeichen aus der Stadt, bis ich schließlich im freien Feld auf einer schier nie endenden

gelben und steinigen Piste stand. So sah er also aus, der Jakobsweg, öde kahl und ewig lang. Ich musste von Sinnen gewesen sein, als ich mir vornahm hier rund 500 km entlang zu laufen. Naja was soll's dachte ich, wo du nun einmal da bist, dann machst du das Beste daraus und lief los.

So lief ich und lief ich, ohne auch nur eine andere Pilgerseele zu treffen. Ich hielt öfters an und schaute dann nach vorn und zurück, niemand. Plötzlich fühlte ich mich vollkommen allein und verlassen, ja ich hatte richtig Angst. Ein ziemlich ungewohntes Gefühl, da es einem in der heutigen Gesellschaft nie passiert, wirklich richtig allein zu sein. Immer waren andere Menschen bei einem, welche in irgendeiner Form, schon allein durch ihre Anwesenheit, Einfluss auf die eigene Person ausübten und man war immer bestrebt sich danach zu richten. Auf der einen Art war es befreiend, sich nicht anpassen und ausrichten zu müssen, auf der anderen Art machte es eine unvorstellbare Angst. Angst, dass niemand bei einem war, denn es könnte ja was passieren und niemand wäre da der einem zur Seite stand. Dies empfand ich auf einmal als Abhängigkeit vom sozialen Umfeld. Ich fragte mich, wo sind denn die Pilger alle, welche laut Reiseberichten auf diesem Weg in manchen Jahren über 100.000 sind?

Jedenfalls war ich überfordert mit der Einsamkeit und sagte mir, Gott wird schon über mich wachen. Im selben Atemzug stellte ich mir die Frage, wer ist eigentlich Gott für mich? Als konfessionsloser ehemaliger Staatsbürger der DDR glaubte ich nicht an Dinge fernab von Rationalismus. Aber irgendwie wusste ich, dass Gott die Stimme in mir, also die Stimme meines Herzens sein muss und nicht eine physisch vorhandene Gestalt. Nämlich die Stimme, welche mal laut, mal leise oder aus Überlagerung durch andere Stimmen nicht von mir zu hören ist. Die Stimme, welche das Gegenstück zu meinem sogenannten Dämon, welcher immer von rechts auf meiner Schulter sitzend zu mir spricht.

Als kleines Kind ist man frei von einem Dämon. Erst mit der Erziehung und der damit verbunden Moral sowie den Lebenserfahrungen wächst ein Dämon bei jedem in uns, je nach Ablauf des Lebens, in verschiedenen Größen heran. Er ist zuständig für die Angst, welche aus negativen Erfahrungen herrührt und er hält die Menschen damit von der Erfüllung vieler Herzenswünsche ab. Auch für das Regelwerk eines menschlichen Lebens in der Gesellschaft ist er zuständig. Er kennt die Paragraphen ganz genau, wenn er zu dir spricht. Er sagt dir immer wieder: »sei so, sei perfekt, verhalte dich so, mach dies nicht und das nicht, das kannst du jetzt doch nicht machen, nimm Rücksicht!«. Der Dämon ist aber auch ein notwendiger Beschützer für Recht und Ordnung im menschlichen Zusammenleben. Nur muss man genau lernen die Stimme des Herzens, Gottes Stimme, und die des Dämons in Einklang mit seiner Selbst zu bringen und versuchen einen gesunden Mittelweg zu gehen.

Doch dann traf ich endlich meine ersten Pilgerkollegen auf dem Weg nach Santiago. Nach einer qualvollen Stunde des auf sich allein gestellt seins, saßen plötzlich kurz vor einer dieser alten römischen Brücken zwei Pilger. Sie grüßten mit »Buen Camino« (Guten Weg) und ich murmelte als Erwiderung etwas vor mich hin. Aus anfänglichen Berührungsängsten ging ich erst einmal ein Stück weiter und setzte mich zum Vespern auf die Brücke. Dort verzehrte ich den Rest meines Tankstellenschinkens mit dem Baguette. Die zwei Pilger kamen auf mich zu, lächelten mich an und gingen aber weiter. Ich dachte noch, was ist das für ein Pärchen. Alle beide mindestens doppelt so dick wie ich, was sicher bei meinem Kampfgewicht von 74 kg auf 1,82 m ja nicht so schwer ist. Und ich dachte wieder, die beiden müssen dann doch dreimal so dick sein wie du und hatten sich da ja ganz schön was vorgenommen mit ihrem Handicap des Übergewichtes bis nach Santiago laufen zu wollen.

In Tardaios, einem kleinen idyllischen Dorf am Weg traf ich die beiden dann wieder. Isadora und Ernesto aus Mexico. Was für eine Anreise dachte ich. Aber Isadora wohnt und arbeitet in Madrid und wollte auf dem Jakobsweg endlich den Mann fürs Leben kennen lernen. Ihr Bruder Ernesto, ein Weltenbummler zu Besuch bei seiner Schwester, wollte den Weg nutzen um etwas abzunehmen. Was für erstaunliche Gründe für eine Pilgerreise! Zu uns gesellte sich dann noch Pablo aus Spanien, welcher nie sprach. Ich denke, er hatte seine Gründe, weil ich festgestellt hatte, dass er sprechen konnte.

Nachdem wir uns dann etwas in Englisch verständigt und unsere Wasserflaschen am Brunnen gefüllt hatten, gingen wir gemeinsam auf die Piste. Wieder gelber Weg, graubraune Stoppelfelder und über uns nur der blaue Himmel.

Ich lief mit Ernesto und er erzählte mir von seiner Schwester und fragte mich, ob ich sie nicht heiraten möchte, denn sie suchte dringend einen Mann, da bei ihr die biologische Uhr tickte und sich der Wunsch nach Familie und einem Endversorger (Mann) breit machte. Er nannte Isadora immer Prinzess. Da ich leidenschaftlicher Spitznamengeber bin, taufte ich Isadora insgeheim auf den Namen »Prinzess of Camino«.

Nun war der Himmel plötzlich nicht mehr so blau, er verfärbte sich schwarz und ein wahnsinniger Platzregen ging auf uns nieder. Geschwind zogen wir unsere Regenbekleidung an, zumindest das was jeder hatte. Ich als Deutscher war natürlich super in Gore-Tex eingehüllt, während Ernesto und Isadora nur leichte dünne Regenjacken hatten, welche ihnen bei diesen Wasserfluten nichts nützten. Ernesto selbst baute sich mit einer kleinen schwarzen Plastiktüte eine Gesichtsmaske, bei welcher er die Augen, die Nase und den Mund mit den Fingern heraus stocherte. So sah er aus wie ein Sex-Sadist, solche die sonst für gewöhnlich schwarze Ledermasken beim Sex tragen. Dies brachte ihm wiederrum den Spitznamen »Monster of Camino« bei mir ein. Als ich ihm das sagte, war er sichtlich stolz darauf und freute sich.

Nun kamen immer mehr Pilger, vor allem Radfahrer, an uns vorbei und grüßten alle mit »Buen Camino« und wir grüßten immer alle zurück. In manchen Sequenzen des restlichen Tages war es dann doch etwas viel, als die Dichte der Pilger zu nahm. »Buen Camino, Buen Camino, Buen Camino« und man hatte fast das Gefühl vom vielen Grüßen Fusseln am Mund zu bekommen.

In Rabe de las Calzadas machten wir noch eine kleine Rast und gelangten schließlich nach Hornillos del Camino, was unsere letzte Station des Tages sein sollte. Hier gab es eine wunderschöne Herberge, gleich neben einer kleinen Kirche, wo wir eincheckten. Für nur 5 Euro durfte man duschen, schlafen und seine Sachen in einem Waschtrog waschen, natürlich nur gegen Vorlage des Pilgerpasses, welcher dann auch gleich abgestempelt wurde. Das Waschen tätigen die Pilger täglich, da jeder im Schnitt nur drei T-Shirts, Schlüpfer und Strümpfe mit sich trägt. Hier gab es sogar einen Masseur, welcher für 1 Euro Fußmassagen für die leid geplagten Pilger anbot. Isadora und Ernesto nahmen das Angebot wahr. Dabei sah ich Isadoras Füße. Es war eine Katastrophe, denn sie hatte sich die kompletten Füße wegen der vielen Blasen mit Wundpflastern umhüllt. Mein Gott dachte ich, was musste das täglich für eine Qual sein, die ungeübten Märsche bei dem Körpergewicht und der schlechten Kondition. Aber sie trieb ja täglich die Motivation ihren Prinzen zu finden weiter, sozusagen die Kraft von innen heraus.

Nach Massage, Körperreinigung und Pflege sowie Wäschewaschen gingen wir in das gegenüberliegende Restaurant wo es das »Menu de Peregrino« (Pilgermenü) gab. Reichlich Trinken (Wein und Wasser) und Essen (3-Gänge) für 8,50 Euro pro Person. Mit schwerem Bauch, welcher dann noch reichlich mit Wein gefüllt wurde, gingen wir schließlich gegen 22:00 Uhr zu Bett. Isadora hatte sich im Doppelstockbett oben gleich neben mich platziert. Zum Schutz vor der Prinzenjägerin stattete ich mich mit Augenbinde und Ohrstöpsel aus, zog meinen Schlafsack fest zu und schlief augenblicklich ein.

Hat der Mensch die Evolution besiegt?

18. August 2006 Hornillos del Camino – Hontanas – Castrojeriz (20,5 km)

Um 7:00 Uhr wurde das Licht angeknipst und wir mussten aufstehen. Ich war ganz schön fertig, die letzten Tage wirkten physisch und psychisch nach und ich denke, der billige Wein des vorangegangen Abend trug auch dazu bei. Ich hatte irgendwie überhaupt keine Lust zum Aufstehen und hätte wahrscheinlich zu Hause, was ich sehr selten mache, einen Extrem-Couch-Tag eingelegt. So mit herum liegen, Fernsehen, Lesen, Schokolade essen und so wenig wie möglich Bewegung. Bald wäre ich noch in diesem Trance aus dem Bett gefallen, denn ich hatte ja vergessen, dass ich nun seit 26 Jahren nach dem letzten Ferienlager im zarten Alter von 13 wieder einmal oben in einem Doppelstockbett gelegen hatte. Geschockt durch den fast erfolgten Absturz, war ich auf einmal erwacht. Also ging es ab ins Bad, die Morgentoilette erledigen, anziehen und dann etwas frühstücken.

Das Frühstück war im Verhältnis zum vorherigen Tag natürlich Luxus, denn ich hatte noch Baguette und Käse vom gestrigen Tag in meinem Rucksack und dazu gab es Wasser aus meiner Trinkflasche, welche ich mit richtigem Mineralwasser gefüllt hatte.

Dann ging ich aus der Herberge mit meinen ganzen Klamotten und traf direkt vor der Tür Marco. Marco war auch so um die 40 und war ein alter Jakobsweggänger. Er hatte eine Marketingagentur im Ruhrpott und gönnte sich aller 2 Jahre so eine Auszeit auf dem Camino, um zu sich zu kommen. Das machte er nun bereits das 5te mal. Wir rauchten zusammen und quatschten über die Welt.

Er stimmte im Gespräch mit mir überein, dass die Informationsüberflutung die Menschen verwirrt und der Mensch im Rahmen der Evolution sich noch nicht für solche Mengen an Informationen weiterentwickelt hätte, da sich das Wissen ja nun mittlerweile alle 4 Jahre in der Welt verdoppelt. Demzufolge wird der Mensch der eigens angetriebenen dynamischen Entwicklung nicht mehr gerecht. Man denke dabei im Vergleich an wesentliche evolutionäre Phasen in der Geschichte der Welt, welche im Extremfall 100.000 Jahre und mehr gebraucht haben wie z. B. von vier zu fünf Zehen am Fuß oder dem Entwicklungszeitraum des aufrechten Ganges. Jedenfalls kamen wir eindeutig zu dem Schluss, dass die Evolution vom Menschen bereits selbst eingeholt worden ist und dies vielleicht nicht so gut wäre, obwohl sich die Natur mittlerweile schon dagegen wehrt und notdürftig repariert, wie z. B. bei Kindern, welche in der 2. Klasse noch einmachen und dafür aber schon eine Umlaufbahn für die Umrundung des Mondes berechnen können. Dies verhält sich ungefähr so, dass niemand mehr bei Windows 3.1 anfängt zu lernen, sondern gleich mit Windows XP oder Vista beginnt, da die Speicherkapazität für die Grundlagen mittlerweile begrenzt ist bzw. fehlt.

Marco gab mir noch den Tipp, soviel wie möglich allein zu laufen. Die physische Veränderung des Körpers durch das Laufen, die viele frische Luft und das Allein sein mache auch den Geist für das Wesentliche frei. Dann verabschiedeten wir uns mit einem typischen »Buen Camino« und gingen jeder unseren Weg.

Ich füllte am Brunnen noch meine Wasserflasche auf. Auf dem Jakobsweg gibt es überall Brunnen mit Trinkwasser eigens nur für die Pilger, damit sie nicht ermüden und schwach werden. Das Trinken ist das Wichtigste, ich trank im Schnitt täglich 4 Liter am Tag.

Da lief ich nun allein los und war motiviert von dem Gedanken, dass ich nicht der Einzige war, welcher solche philosophische Gedanken über die heutige Entwicklung unserer Gesellschaft in sich trägt. Ich war also nicht allein und noch nicht ganz verblödet im Konsumrausch untergegangen, ich erkannte ansatzweise die Welt und deren Entwicklung. Hurra, ein erster Schritt auf dem Weg zu mir!

Wieder grau-gelb-braunes endloses Flair des Weges, bestückt mit einem strahlend blauem Himmel. 10 km in ca. 1,5 Stunden ohne Pause bis zum nächsten Dorf und ohne bemerkenswerte Änderung der Vegetation. Endlich das Dorf Hontanas. Hier gab es eine kleine Bar, wo es an diesem Tag endlich für mich »Cafe con letche grande« (großer Milchkaffee mit Zucker) gab. Der Zucker ist neben dem Wasser das zweitwichtigste Nahrungsmittel auf dem Camino, sonst unterzuckert man beim vielen Laufen und es wird einem schwindlig. Zusätzlich aß ich am Tag noch mindestens eine halbe Tafel Schokolade.

In die Bar kamen mit einer halben Stunde Verzögerung dann auch Isadora und Ernesto. Ernesto lief nach einer Pinkelpause gleich weiter, ich denke wegen des Abnehmens. Isadora gesellte sich zu mir. Wir plauschten noch eine Weile und gingen dann gemeinsam die restlichen 10,5 km der Tagesetappe. Unterwegs kamen wir noch an der alten Ruine des ehemaligen Klosters »San Anton« vorbei. Das Kloster stammt aus dem 12. Jahrhundert und ein Flügel des noch stehenden Gebäudes dient heute als Pilgerherberge. Der Herbergschef stammt ursprünglich auch aus Mexico wie Isadora und gesellte sich zu unserer Pause hinzu. Da sich die beiden hauptsächlich auf Spanisch unterhielten, hatte ich in der Pause dann meine verdiente Ruhe.

Wir liefen danach weiter, aber Isadora blieb immer wieder wegen ihrer geschundenen Füße und ihrer schlechten Kondition zurück. Höflich und anständig erzogen wie ich war, wartete ich immer geduldig, obwohl ich mir auch gleich schwor, am nächsten Tag, um vorwärts zu kommen, mich wieder an Marcos Tipp zu halten und allein zu laufen.

Endlich in Castrojeriz angekommen, war ich nun auch froh an der Herberge zu sein. Diese war wunderschön und wurde von einem Holländer geführt, welcher mich gleich auf Deutsch ansprach, ohne dass ich ein Wort gesprochen hatte. Ich dachte, sieht man den Deutschen wirklich an, dass sie deutsch sind oder bin ich ein Abbild eines Fritz, wegen meiner blauen Augen und dem dunkelblonden Haar?

Sei es wie es sei, wir bezogen Quartier. Isadora legte sich wie selbstverständlich oben ins Doppelstockbett neben mich und bot mir, weil ich so jammerte, eine Massage des Rückens an. Sie sagte sie arbeite ja schließlich als Physiotherapeutin. Ich nahm dankend an und ging nach erfolgter Behandlung meines Rückens und meines Hinterns duschen und Sachen waschen. Anschließend schrieb ich als Ritual mein tägliches Tagebuch.

Später gingen wir dann shoppen. Isadora kaufte sich Unmengen an Blasenpflaster in der Apotheke und ich gönnte mir eine neue Einlegsohle mit Fußbett für meine 11 Jahre alten Wanderschuhe.

Zurück in der Herberge war auch Ernesto angekommen, welchen wir irgendwie überholt haben mussten. Nach dem auch er seine täglichen Rituale eines Pilgers durchgeführt hatte und wir geduldig warteten, gingen wir zusammen in ein sehr schönes Restaurant zum Pilgermahl. Es war ausgezeichnet dort die leckeren 3-Gänge zu verspeisen, so ein bisschen wie im Urlaub in Spanien am Meer. Ich trank keinen Wein, da ich mir einbildete, dass dieser meinen Körper sauer macht.

Schließlich ging ich, mit meiner Schlaf- und Schutzausrüstung des Vorabends, gleich nach dem Heimweg vom Essen ins Bett.

Was verbindet seelische und körperliche Liebe?

19. August 2006 Castrojeriz – Itero de la Vega – Boadilla del Camino – Fromista (24,5 km)

Ich lag die ganze Nacht wach. Zu dem Fenster, was leider keinen Vorhang hatte, schien die ganze Nacht die grelle Straßenbeleuchtung herein. Dies war noch verkraftbar dank Augenbinde, aber meine Mitpilger, besonders meine Bettnachbarin, zersägte die ganze Nacht alte Holzbalken, zumindest klang ihr Schnarchen so. Ziemlich erfolglos hatte ich sie angestoßen und ihr zur Abwechslung die Nase zugehalten. Es nützte alles nichts und ich hätte sie vor Wut am liebsten aus dem Bett gestoßen und hätte sicher damit gepunktet, weil wir ja oben in den Doppelstockbetten lagen. Dies unterließ ich, da ich von Natur aus ein guter und verständnisvoller Mensch bin. Außerdem hatte Isadora andere Mitschnarcher auf ihrer Seite und zusätzlich hatte irgendjemand in den voll belegten 40 Betten des Schlafraumes einen Reiz- oder Keuchhusten, so dass dies die Schlaflosigkeit bei mir noch verstärkte. Irgendwie hatte ich auch das Gefühl, dass die Schnarcher und der Keuchhustenpilger in einem Wettbewerb miteinander standen, denn sie wechselten sich ab. So wie bei der Kuckuck und der Esel. Aber leider ging es dabei nicht ums Singen, sondern um das nächtliche Terrorisieren durch Husten und Schnarchen von armen Pilgerkollegen mit einem leichten Schlaf wie ich ihn hatte. Daran werde ich mich die nächsten Wochen wohl gewöhnen müssen, dachte ich mir so beim Wachliegen.

Endlich, gegen 06:30 Uhr, regten sich die ersten und auch ich konnte ohne störend zu wirken mit aufstehen. Nach der Morgentoilette knabberte ich an meinem Baguette von gestern und luxuriöser Weise gab es für alle Pilger von der Herbergsleitung löslichen Kaffee. So gut wie an diesem Morgen hatte mir glaube ich noch nie ein Kaffee geschmeckt.

07:30 Uhr bin ich, wie ich mir vorgenommen hatte, allein los gelaufen. Ich war erleichtert und auch seit langem in meinem Leben einmal bewusst froh darüber allein zu sein. Für diesen Schritt wurde ich, als ich auf dem ersten Berg nach Castrojeriz nach ca. 2 km Marsch stand, fürstlich mit einem zauberhaften Himmel mit Wolken und der gerade aufgegangen Sonne in allen Spektralfarben belohnt.

Nach weiteren 7,5 km kam ich kurz vor einer alten römischen Brücke bei der Kirche San Nicolas an. Die Kirche San Nicolas gehörte im 13. Jahrhundert zu einem Pilgerhospital des Malteser-Ordens. Seit 1994 ist sie Pilgerherberge und wird von freiwilligen Helfern aus Italien geführt.

Nach dem Auffüllen der Wasserreserven ging ich sofort weiter bis Itero de la Vega, wo ich auf Ernesto traf. Hier machte ich Rast. Ernesto ging gleich weiter und als ich meine Pause fast beendet hatte, kam Isadora angeschlendert. Mit ihr ging ich dann den restlichen Weg bis Fromista immer am Kanal von Kastilien entlang, welcher ursprünglich im 18. Jahrhundert als Transportweg gebaut wurde und heute aber nur als Bewässerungskanal der Felder dient. Wie schade für diese Meisterleistung eines Bauwerkes der damaligen Zeit.

Ich unterhielt mich mit Isadora in einer Mischung aus Englisch, Spanisch und Deutsch unter zu Hilfenahme aller Wörterbücher, die wir beide mit hatten. Das Thema war, wie sollte es anders sein, Liebe und Sex. Isadora war dabei der Meinung, dass durch die Erziehung und der daraus resultierenden Moral dem Mensch seine sexuellen Triebe unterdrückt werden, und er damit ständig mit dem Druck lebt, es mit jedem anziehenden Partner treiben zu wollen, sich sozusagen ständig neu multiplizieren zu wollen, aber sich nicht traut. Das Gefühl der seelischen Liebe wäre dabei meist doch sehr temporär. Ich gab ihr insofern Recht, dass wir Menschen in dieser Hinsicht auch Tiere sind und es im Tierreich kaum Tiere gibt, welche auf ewig zusammen bleiben, aber das auch die Liebe in der heutigen Gesellschaft nur über den Sex kommerzialisiert und propagiert wird. Überall öffnen sich heute mit Sex und Erotik die Türen zu den Endverbrauchern, als Zugangspforte so zusagen. Darüber hinaus gibt es tausende von entmündigenden Beiträgen darüber, wie man der beste Liebhaber wird, wie man Sie/Ihn anmacht. Damit verbunden könnte der Mensch sicher glauben, Sex als mittlerweile Konsumgut sei die wichtigste Form der Liebe und geht damit meiner Meinung nach einen Schritt vor dem anderen. Er liebt meist erst den Körper über den Sex und bei dem Versuch, den Menschen zu lieben, nimmt die körperliche Liebe, als erst eingetretener Indikator der Liebe, im weiteren Beziehungsverlauf ab. Somit muss das gleiche Spiel zwangsläufig dann mit einem neuen Partner auf der Suche nach der wirklichen Liebe neu beginnen. Mit diesem rein theoretischen Teufelskreis wäre sicher auch die zunehmende Singlegesellschaft besser erklärbar. Aber Vorsicht, denn wir tragen meist aber immer zwei Herzen in unserer Brust. Das eine will Geborgenheit und Beständigkeit und das andere das Wilde und Geheimnisvolle, so dass viele Partnerschaften auf Geborgenheit beruhen und die Wildheit wo anders ausgelebt wird. Jeder hat da sicher so seine Leichen im Keller.

Wir liefen sehr langsam beim Gespräch und durch unsere aufwendigen Verständigungsmodalitäten an Hand der verschiedenen Sprachen und Wörterbuchbenutzungen blieben wir ständig stehen. So kam es, dass Ernesto uns einholte. Ich dachte erst, der ist doch vor mir im letzten Ort los, er hat wohl im Feld ein Nickerchen gemacht. Aber die Widerlegung meiner Denkweise erfolgte sofort. Das Monster vom Camino war sichtlich verärgert, denn er hatte einen gelben Pfeil an einer Mülltonne als Wegweiser gesehen und war einen falschen Weg gegangen. Das hatte ihm zusätzlich 1 Stunde und ca. weitere 7 – 8 km Weg eingebracht. Ich hätte ihm angeblich den falschen Weg gewiesen. Ein typischer Fall von Projektion von Ernesto auf mich, denn als ich auch an dieser Mülltonne vorbeikam, war er schon lange daran vorbei. Er meckerte noch ein bisschen herum und ging voraus, während wir in Ruhe weiter über die Liebe philosophierten.

In Fromista angekommen, trafen wir die Familie »Tortuga« (Schildkröten). Isadora kannte das Pärchen, vom Weg vor Burgos. Sie nannte sie Tortugas, weil die beiden sich an der Weggabelung des Jakobsweg, wo der Weg aus Frankreich kommend auf den spanischen kurz nach Pamplona trifft, getroffen und verliebt haben. Seither gehen sie so langsam wie Schildkröten, da sie vor aller Liebelei kaum am Tag vorwärts kommen. Ich glaube, ich war einen kurzen Augenblick, bevor ich mich besann, warum ich diesen Weg gewählt hatte, etwas neidisch auf die Tortugas.

In der Herberge angekommen machte wieder jeder seine Pilgerrituale, vom Sachen- und Körperwaschen bis zur Tagebuchschreiberei. Danach setzte ich mich in den schönen Innenhof der Herberge und traf dort auf Jochen.

Jochen war 45 Jahre und hatte das volle Programm im Leben bekommen. Er strahlte eine Unruhe aus, welche sich sogleich auf mich als feinfühligen Menschen übertrug. Er erzählte mir ohne Pause sogleich die ganze Misere seines Lebens. Studium, Karriere mit eigener Steuerkanzlei, Frau und Kinder, ein schönes und tolles luxuriöses Leben, für was er vor lauter Arbeiterei keine Zeit mehr gehabt hatte. Das Ende vom Lied war bei ihm, wie in den meisten Fällen, die Scheidung, der berufliche Zusammenbruch und schließlich die Psychiatrie. Dort war er dann fast 3 Monate und ist gleich anschließend auf den Jakobsweg, um das erfahrene Leid weiter verarbeiten zu können. Wenn er nach Hause kommt, sagte er, fange er was ganz Neues an, falls er nicht gleich eine Herberge auf dem Camino aufmacht und von sozialen Freuden gegenüber den anderen Menschen lebt.

Irgendwie erinnerte mich Jochen an meinen bisherigen Werdegang mit dem Unterschied, dass ich noch nicht 45 war und es zum Glück noch nicht bis zur Klapsmühle geschafft hatte. Ich war zum Glück schon früher aufgewacht und konnte eher mit einem Leben nach der Stimme des Herzens beginnen, für was es bei ihm wahrscheinlich schon zu spät war.

Dann das übliche 3-Gänge- Menü und danach mit Ohrstöpsel und Augenklappe ins Bett. Ich musste auf dem Fußboden mit einer Matratze zwischen zwei Doppelstockbetten mit jungen italienischen Radlern, schlafen. Die Herberge war vollkommen überfüllt.

Kann man dem Schicksal entgehen?

20. August 2006 Fromista – Poblacion de Campos – Villalcasar de Sirga – Carrion de los Condos (19,5 km)

Wieder eine schlaflose Nacht, denn der eine Italiener, welcher direkt 20 cm im untersten Doppelstockbett über mir schlief, hatte auch den Keuchhusten, wenn nicht sogar eine offene Tuberkulose, so wie der hustete.

Zur Krönung wurde ich von dem anderen Italiener im gegenüberliegenden Bett gegen 05:30 Uhr, als ich nun endlich etwas eingeduselt war, mit einem lauten Furz geweckt. Auch dies geschah ca. 20 cm über mir, weil sich der feine Herr extra zum Pupsen noch hinsetzte und somit genau in meine Richtung furzte. Zum Glück hatte er wahrscheinlich am Vorabend nichts Fleischliches gegessen, so dass es zu keiner Ausbreitung von Gestank kam. Erst war ich erbost und wollte den kleinen Italiener anspringen, doch ich überlegte es mir anders. Erstens war dies bestimmt eine Ausnahmeerscheinung auf dem Camino und zweitens hätte ich wahrscheinlich nach dem Sprung die anderen drei Italiener mit am Hals gehabt. So blieb ich ruhig liegen und wartete bis sich die polternden Pilger verzogen hatten und schlief sogar noch einmal ein.

Nach dem Aufstehen bin ich dann gegen halb acht in den Speiseraum, denn in dieser Herberge gab es zusätzlich zur Übernachtung Frühstück. Leider war ich zu spät dran und erwischte nur noch einen Kaffee und zwei eingeschweißte Biskuitschnitten. Ich hatte diesmal ein Zeichen übersehen, welches direkt über der Tür hing. Auf diesem stand Frühstück von 06:30–07:30 Uhr!

Dann habe ich meine Sachen gepackt und bin in Richtung Ortsausgang gelaufen. Der Camino geht am Ende des Ortes parallel neben der Straße lang und ist überdurchschnittlich beschildert. Alle 30–40 Meter stehen zwei Sandsteinsäulen mit einer gelbblauen Jakobsmuschel darauf. Was für ein Aufwand, dachte ich und lief weiter. Unterwegs war ich wieder vollkommen allein, ja es war regelrecht einsam, da auf der Straße kaum ein Auto vorbeikam. Bis Pablicion de Campos waren es zum Glück nur 3,5 km Einsamkeit. Ich durchlief auch diesen Ort und ging zügig weitere 4,5 km bis in ein kleines Dorf namens Villovieco, wo ich an einer kleinen Bar im schattigen Biergarten rastete. Hier lief richtig gute gregorianische Musik und ich bat den Chef, mir den Titel der CD aufzuschreiben, was er schließlich, nach meiner spanischen Ansprache aus dem Reisewörterbuch, auch tat.

Ich zog dort gleich meine Wanderstiefel aus, denn ich hatte mir gestern meine erste Blase am linken Fuß gerieben, welche sich beim Lauf-Stillstand gleich bemerkbar machte. Nachdem ich meine Füße mit Desinfektionsmittel und Vaseline verarztet hatte, gönnte ich mir ein super Frühstück, mit Saft, Kaffee, frischem Baguette, Tomaten und Schinken. Dann machte ich an diesem Tag die ersten Eintragungen in mein Tagebuch. Seit dem Vortag hatte das Schreiben stark zu genommen, weil ich merkte, wie ich langsam frei wurde.

Zu mir gesellte sich dann Eirek aus Holland. Mein Spitzname für ihn war sofort »Eirek der Vikinger of Camino«, da er sehr groß und stämmig auf mich wirkte und sein Vorname förmlich dazu verleitete. Eirek war mehr der sportliche Typ und ich vermutete, dass er den Camino mehr als Langstreckenläufer statt als Sinnsucher sah. Mit ihm bin ich dann im Gespräch über die Welt noch ganze 2 Stunden versackt. Wir brachen dann gemeinsam auf und liefen die restlichen Kilometer bis Carrion de los Condes zusammen.

Dort angekommen, sind wir sofort die Herberge neben einer sehr großen Kirche angelaufen.

Die Herberge, welche bis jetzt die schönste auf meinem Weg war, wurde vom katholischen Pfarrer der Stadt selbst geführt und auch die Pilger wurden durch ihn persönlich betreut. Hier war man sozusagen direkt in der Obhut bei einem Diener Gottes angekommen, und ich war heil froh darüber, weil ich vor Schmerzen kaum noch laufen konnte. Jetzt kamen nicht langsam, sondern auf einmal und mit voller Wucht die Schmerzen, von der Umstellung des Körpers auf das viele Laufen. Nach dem Duschen ging ich zum Ritual des Tagebuch-Schreibens in den Garten der Herberge. Dort saß auch schon ein Typ mit den nackten Füßen in einer Wasserschüssel. Ich sprach ihn an, wo er denn die Schüssel her hatte. Er sagte es mir und gab mir noch den Tipp Salz und Essig dem kalten Wasser beizumischen und erzählte mir auch, wo ich dies in der Herbergsküche finden würde.

Da saß ich also mit Kunz aus dem Schwarzwald im Garten und wir klagten uns gegenseitig unsere Schmerzen, wo wir herkamen, was wir sonst so im Leben machten und was uns auf diesen Weg gebracht hatte. Im Anschluss an unser Baderitual gingen wir gleich in eine nächstgelegene Bar um uns Alkohol gegen die Schmerzen geben zu lassen. Ich trank Bier und Kunz Kaffee mit Schnaps. Kunz sagte mir, mit Cognac ginge einfach alles weg und er würde dies immer so machen.

Kunz, 52 Jahre alt, war seit Jahren ein einsamer Mann und hatte keine Kinder, weil seine Frau keine bekommen konnte. Er ist aber trotz unerfülltem Kinderwunsch die ganzen Jahre bei seiner Frau geblieben, hatte sich mit ihr ein schönes Haus gebaut und das gemeinsame Leben trotz Kinderlosigkeit genossen. Doch leider hatte die Frau Kunz vor ein paar Jahren verlassen. Um vielleicht etwas umdenken und Abstand nehmen zu können, hatte er sich nun die Zeit genommen den Camino entlang zu gehen.

Er dachte vor allem, wie die meisten Pilger, über den Sinn aller Zusammenhänge und Ereignisse seines bisherigen Lebens rückblickend nach. Er war überzeugt davon, dass es keinen Sinn macht gegen die eigene Bestimmung anzukämpfen. Immer wenn er sich besonders bemüht hat, in einer bestimmten Sache gegen seinen eigenen inneren Strom zu schwimmen, umso mehr hat er sich vom Ziel entfernt. Er sagte, er habe oft auf dem Weg das Schicksal zu umgehen, es meistens genau da getroffen. Die Frage, welche nun aber noch auf diesem Pilgerweg für ihn offen sei, wäre die seiner wirklichen inneren Bestimmung und er wird diese hoffentlich in Santiago beantworten können.

Irgendwie war mir bei dem Gespräch mulmig geworden und es kam mir vor, als ob mir jemand den Spiegel vorgehalten hätte. Denn mir war es mehrmals ähnlich so ergangen und nicht nur wie bei Kunz einmalig. Immer wollte ich eine Familie und doch scheiterten alle meine Beziehungen. Der einzige wirkliche Lichtstrahl, neben den vielen schönen Erinnerungen, welcher aus meinen Liebesbeziehungen hervorgegangen war, war meine Tochter. So gesehen, hatten die vielen Versuche doch einen enormen Stellenwert. Aber mich quälte nun die Frage, ob ich überhaupt für eine Beziehung geschaffen war, wenn ja, unter welchen Umständen? Aber dies konnte ich mir im Moment nicht beantworten.

Dann gesellte sich Eirek zu uns. Er brachte Xaverius aus Spanien, Shirley aus Kanada und

Sabrina aus Belgien mit. Zwar hatte ich diese Pilger alle schon einmal gesehen und sicher mit Buen Camino gegrüßt, aber zu diesem Zeitpunkt kannte ich sie jedoch noch nicht richtig.

Nach einem weiteren Bier und einer Zigarette gingen wir in die Kirche, wo unser Herbergsvater gerade die Messe abhielt. Im Anschluss daran bat er die Pilger in 4 Sprachen, unter anderem auch in Deutsch, in die Sakristei zur Pilgersegnung. Dort durften wir uns im Kreis aufstellen und uns die Hände halten. Der Pfarrer verbrannte dann unsere Schmerzen im Feuer und segnete uns mit dem darin erwärmten Wasser. Bei diesem für mich ungewöhnlichen Vorgang und beim folgenden gemeinsamen Gebet, standen mir seit Burgos wieder einmal die Tränen in den Augen. Ich war wieder einmal überfordert vom Menschsein und vielleicht auch ein Stück weit von der ungewohnten Gemeinschaft!

Später gingen wir alle gemeinsam essen und danach noch auf einen Drink in eine Bar. Die Stadt tobte, denn es war Fiesta und überall feierten die Menschen auf den Straßen. Auf dem Heimweg trafen Eirek und ich noch Fulvia aus Italien. Eirek kannte das Italiengirl bereits und war nicht so erstaunt wie ich, dass sie jetzt kurz vor 22:00 Uhr noch weiterlaufen wollte, da die Herberge voll war. Eirek so wie ich, boten ihr natürlich unseren Schlafplatz an, da dieses Unterfangen als Frau allein doch gefährlich sei. Doch sie wollte nicht. Sie sagte, Gott werde sie beschützen und wir sehen uns dann morgen oder sonst wann. Natürlich brachte ihr dies einen neuen Spitznamen bei mir ein, »Crazy-Italy-Girl of Camino«.

Vollkommen fertig von den körperlichen Schmerzen und dem Erlebten fiel ich 22:30 Uhr, pünktlich zur offiziellen Nachtruhe, ins Bett.

Das erste Zeichen in Burgos

Das zweite Zeichen in Burgos

Jakobsweg vor Rabe de las Calzadas

Blick von der Herberge in Hornillos del Camino

Klosterruine San Anton

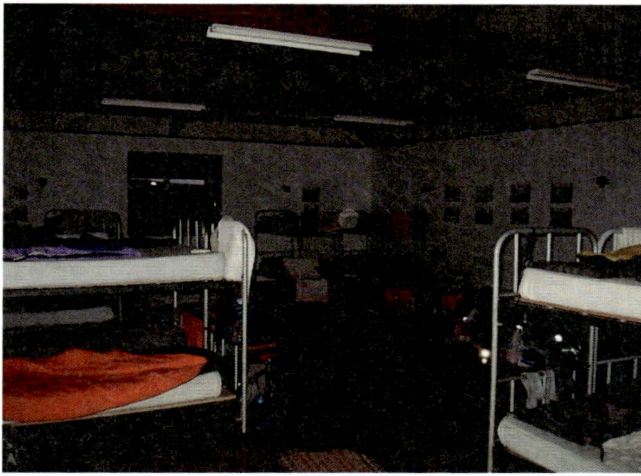

Herberge Castrojeriz

Morgenstimmung nach Castrojeriz

Jakobsweg nach Castrojeriz

Schleuse des Kanals von Kastilien kurz vor Fromista

Wegbeschilderung kurz nach Fromista

Zeichen im Biergarten von Villovieco

Braucht der Mensch Zeit?

21. August 2006 Carrion de los Condes – Calzadilla la de lar Cueza – Ledigos – Terradillios de los Templarios (26,0 km)

Um 6:00 Uhr morgens gab es wunderschöne Klaviermusik zum Wecken, denn unser Pfarrer hielt sich an die alten Riten der Pilger, welche besagen, dass ein Pilger vor Sonnenaufgang los laufen sollte. Demzufolge mussten wir bis 07:00 Uhr alle die Herberge verlassen haben und wurden in aller Frühe sanft geweckt.

Ich spendete beim Herbergsvater noch ein paar Funktionssocken und ein T-Shirt, da ich davon 4 Sätze mit hatte und tatsächlich immer nur 2 bis maximal 3 im Pilgerrhythmus brauchte. Zum Spenden wurde ich animiert, da es hier in der Herberge eine Truhe mit der Aufschrift »Wer nichts hat, der nimmt und wer zu viel hat, der gibt!«, gab.

Nach einem kurzen Gespräch mit unserem Herbergsvater in Englisch und Deutsch, lief ich mit Eirek und Sabrina los. Es war noch vollkommen dunkel, aber der Weg bis zum Stadtausgang auf die Piste war ein Erlebnis. Hier in Spanien wird während der Fiesta bis zum Morgengrauen gefeiert, so dass viele Gaststätten und Diskotheken immer noch gut besucht waren. Die Straßen waren voller Pappbecher, zerbrochener Gläser, Kippenstummel und kaputter Schmuckgirlanden, wo wir manchmal bis zu den Knöcheln darin versanken. Das war ein komisches Gefühl, wir pilgerten los und die Einheimischen waren noch am Party feiern.

Im Reiseführer hatte ich gelesen, dass es nach Carrion de los Condes auf 17 km Piste keine Zwischenstation bis zur nächsten Ortschaft gab, so konnte ich auch unmittelbar verstehen, dass uns unser Herbergsvater so früh auf die Beine geschickt hatte. 17 km, das stellte auf meinem bisherigen Weg die längste Distanz bis zum Milchkaffe und Baguette dar, zumal ich früh wie immer nichts weiter gegessen hatte. Erschwerend kam noch hinzu, dass sich die Schmerzen in allen Gliedern manifestiert hatten und das Laufen damit zu einem ziemlichen Masochismus ausuferte. Xaverius, welcher schon etwas länger als ich auf dem Weg unterwegs war, sagte mir bereits am gestrigem Abend, dass die Schmerzen so ab dem 3. bis 4. Tag kommen und dann bis 5 Tage anhalten können. Bei ihm sei das auch so gewesen. Ich dachte nur, so ein Mist, noch mehrere Tage darf ich mich also geißeln, um meine Sünden alle abzutragen. Aber wenn es frei macht, ist der Preis dabei nicht zu hoch angesetzt und da ich durch die Erziehung ein disziplinierter Mensch geworden war und von der Durchhaltementalität der Indianer geprägt war, ihr wisst schon, die Sprüche wie: »Ein Indianer kennt keinen Schmerz«, dachte ich, dass ich dem standhalten kann.

Endlich Ortsausgang, die Piste von der aufgehenden Sonne hell erleuchtet, wieder einmal graugelb, steinig und schwer. Wir liefen jetzt alle allein in kurzen oder langen Abständen zueinander. Dies wollen die meisten Pilger einfach so, so dass sie das Gefühl des eigenen Weges haben und die Gedanken frei sein können. Auch ich lief allein, wobei ich in meinem Tal der Schmerzen gern ein bisschen Beistand und einen Abladeplatz für mein Gejammer gehabt hätte. Die Zeit wollte an diesem Tag und somit meine Qualen beim Pilgern überhaupt nicht vergehen. Ich hatte zu diesem Zeitpunkt überhaupt das generelle Denken, dass die Orientierung an der Zeit ein negatives Gefühl nur verlängert und die positiven Erlebnisse im Leben schnell vorübergehen lässt bzw. in der eigenen Wahrnehmung verkürzt.

Rast nach ca. 11 km, Trinken und eine Zigarette rauchen. Xaverius und Shirley stießen in der Pause zu mir und Sabrina, mit der ich zuvor die letzten Meter zum Time-Out bewältigt hatte. Wir teilten alle unsere Habseligkeiten wie Äpfel, Schokolade und Cornyriegel – es war ein Geben und Nehmen, so gewöhnlich und doch so ungewöhnlich für die heutige Zeit.

Ich lief dann mit Xaverius und Shirley weiter. Shirley, Sozialpädagogin aus Kanada, war hauptsächlich aus religiösen Aspekten auf dem Camino unterwegs.

Xaverius war wie Shirley katholisch und sehr gläubig. Er arbeitete die letzten Jahre in Afrika als Entwicklungshelfer. Nach dieser Zeit fing er kürzlich bei einem größeren spanischen Unternehmen als Projektmanager an. Dies stand, glaube ich, im Gegensatz zu seiner sehr sozialen Ader. Ich denke, der Job machte ihm nicht halb so viel Spaß wie der vorangegangene. Außerdem wünschte er sich von ganzem Herzen eine Familie und fand aber bisher noch nicht die passende Frau dafür. Somit hatte er auf dem Weg einige Themen für sich zu bearbeiten.

Wir drei hatten, da mein Englisch nicht so gut war, doch einige Verständigungsprobleme. Aber wir schafften es, über das Thema Zeit zu philosophieren. Die Zeit, was oder wer war eigentlich die Zeit? Die Zeit ist vom Menschen zu seinem eigenen Unglück geschaffen worden. Sie wurde von ihm an Hand bereits bestehender zeitlicher Abläufe wie Sonnenaufgang, Mittagssonne, Untergang der Sonne und den Zeiten dazwischen, eingeteilt. Hier entstand der Ursprung der Beschleunigung unseres gesamten Lebens. Wenn wir aufstehen, weckt uns gegen unsere innere Uhr der Wecker. Der Zeitmesser sagt uns auch, wann wir auf Arbeit sein müssen, wann es Essen gibt, wann der Termin der Präsentation ist, wann Feierabend ist, wann der Flug in den Urlaub geht, wann das Theater beginnt, wann Abendbrot ist und wann wir ins Bett gehen müssen. Alles gegen unser ureigenstes Messinstrument, das innere Gefühl dafür. Dem Gefühl nach Wachsein und Aufstehen, dem Gefühl nach dem Stand der Ähren auf dem Feld und somit nach der erforderlichen Arbeit, dem Gefühl des Hungers, dem Gefühl des Ausruhens, dem Gefühl des Liebenwollens, dem Gefühl des Schlafens. Nach allen diesen Gefühlen lebte der Mensch noch vor wenigen Hundert Jahren glücklicher, als in unserer heutigen schnellen und von der Uhr bestimmten Zeit.

Auf dem Jakobsweg kann man diese alten Zeit-Gefühle auch erleben und ich hatte fast ein schlechtes Gewissen darüber, dass ich an diesem Morgen wegen meiner Schmerzen mit der Zeit gehadert hatte. Denn ich wollte nur irgendwo und irgendwann ankommen, trank nur, wenn es mich dürstete, aß bei Hunger und ging abends nach meinem Gefühl der Müdigkeit ins Bett. Da ich vor Schlappheit meist gegen 22:00 Uhr im Bett war, war ich meist auch gegen halb sieben wach. Das war mein natürlicher Rhythmus meines Weges und ich hatte die Gelegenheit, diesen wie ein Kleinkind auszuleben. Immer das zu machen, was mir mein Gefühl gerade sagt und somit zeitlos zu sein.

Nach 17 km eine Bar in Calzadilla de las Cueza. Hier ließ ich es mir richtig gut gehen mit Milchkaffee, zwei riesigen Baguettes mit Schinken und Tomaten, einer Tafel Schokolade, einem halben Liter Orangensaft und zum Ausklang mit einem Zigarettchen. Die anderen hetzten alle gleich weiter, allen voran die Sportler Eirek und Kunz. Ich blieb meinem inneren Gefühl folgend einfach sitzen und streckte meine nackten Füße in die Sonne. Zu mir gesellte sich dann Marvin aus Osnabrück.

Marvin hatte Biologie studiert, anschließend promoviert und als er alle Strapazen und Entbehrungen dieser Zeit sieben Jahre lang gemeinsam mit seiner Freundin endlich überstanden hatte, trennte sich die langjährige Liebste einfach von Doc Bio

(Spitzname von mir für Marvin). Da er im Moment noch keine Arbeit gefunden hatte und nicht so richtig wusste was er mit dem weiteren Leben anfangen sollte, ging er eben erst einmal den Camino de Santiago. Mit Sicherheit war das die beste Entscheidung, da hier auf diesem Weg die innere Gefühlswelt und die Befreiung von allem regiert. Unter diesem Zustand kann man somit besser die Gedanken ordnen und sich und seine Ziele erkennen.

Ich blieb dann noch gut eine Stunde berauscht von unserem ergänzenden Lebensphilosophiegespräch mit Marvin sitzen und machte mich dann wieder auf die Socken. Ich hatte das Gefühl, weiter gehen zu wollen.

Die letzen 9 km bis Terradillos de los Templarios lief ich allein und kam erst gegen 16 Uhr vollkommen fertig dort an. Auch Fulvia, dass Grazy-Italy-Girl war hier. Sie hatte die Nachtwanderung heil überstanden. Eirek war zu dieser Zeit, glaube ich, in sie verliebt, da er jedem Mann, welcher nur mit ihr ins Gespräch kommen wollte, eifersüchtige Blicke zu warf. Na so ein Platzhirsch, jetzt wusste ich, warum der an diesem Tag so über den Camino gerannt war!

Ich gönnte mir nach dem Sachenwaschen, in dieser außergewöhnlich schönen Herberge mit Bar, drei San Miguel und schrieb meine Memoiren des Tages. Danach lernte ich die zwei Japaner kennen, Owai und Haruki.

Haruki hatte ein typisches Samurai-Gesicht, 70 Jahre alt und arbeitete im Vorstand bei einem japanischen Autokonzern. Nach seinen Aussagen war er ein Sportler, denn er ist kurz vor dem Camino noch einen Marathon in 3 Stunden 17 Minuten gelaufen!!! Ich bin mit 41 meinen ersten Marathon in 04:52 gelaufen und ich behaupte schon, dass ich so ziemlich sportlich bin. Haruki trank gerne Bier und sagte immer beim Zuprosten zu mir »Beer kills pain« (Bier killt die Schmerzen). Damit hatte er auf jeden Fall recht.

Owai, Haruki's Samurai-Schüler, so kam er mir zumindest vor, war leider nicht so gesprächig. Sein Kennzeichen war, dass er den linken Arm in einer Schlaufe trug, weil er eines Nachts in einer Herberge aus einem der Doppelstockbetten oben gefallen war. Dabei hat er sich die Schulter ausgerenkt, er lief mit diesem Handicap trotzdem jeden Tag weiter wie ein schmerzunempfindlicher Samurai.

Dann gesellte sich noch Dave zu uns. Er killte auch seine Schmerzen. Dave hatte eine interessante Geschichte. Er stammte aus Neuseeland, hatte eine adlige spanische Frau und unterrichtet Englisch an einer Schule in Spanien. Seine Frau, ebenfalls Lehrerin, unterrichtete zu dieser Zeit Spanisch an einer Schule in Japan und da dort zur Zeit keine Ferien wie an den spanischen Schulen waren, ging Dave den Jakobsweg allein. Seine Frau wollte ihn aber am Ende seines Weges in Santiago abholen. Ja mei, dachte ich, das ist die globale Welt!

Nach einem fürstlichen 3-Gänge-Pilger-Menü in dem Restaurant der Herberge ging ich ins Bett und schlief augenblicklich ein. Mit mir schliefen Sabrina, Owai und Haruki im Zimmer.

Gibt es Zufälle?

22. August 2006 Terradillos de los Templarios – Sahagun – Bercianos del Real Camino (22,0 km)

Mitten in der Nacht plötzlich ein lauter Schrei und wir saßen alle in unseren Betten. Da ich als nächster am Licht war, knipste ich dies an. Owai war vollkommen verstört, denn er hatte gerade einen Alptraum gehabt. Er träumte, er war ein Huhn und sein Chef rannte mit einem erhobenen Messer hinter ihm her und wollte ihm ans Leben. Nach dem dies ausdiskutiert wurde und wir unseren Alpträumer beruhigt hatten, löschte ich das Licht wieder.

Ich selbst schlief dann sehr unruhig und hatte ebenfalls einen Traum. Ich hatte dabei drei rote Fliesjacken an und zwei davon wurden mir weggenommen. Was für ein komischer Traum? Ich lag dann noch bis zur Dämmerung wach und dachte darüber nach. Als sich die anderen regten, stand auch ich auf, machte mich fertig und lief los.

Es war noch halb dunkel und so wie ich auf der Piste war, ging die Sonne auf. Was für eine phantastische Stimmung. Doch leider konnte ich mich von dieser nicht so richtig mitreißen lassen. Ich war irgendwie melancholisch geworden. Mir war ständig wie Weinen und ich kämpfte dagegen an. Es war aber nicht so, dass ich unglücklich war, sondern ich hatte mehr so ein unbestimmtes Gefühl.

Mich verfolgte ständig eine kleine Schwalbe, welche mir immer bis kurz vor das Gesicht flog. Ich hatte das Gefühl, dass sie mich begleitete und mich in einer Art auf etwas Schönes vorbereitete. Ich taufte sie auf den Namen die kleine Schwalbe Sinai, wie aus dem gleichnamigen Buch.

Nach ca. 6 km erreichte ich die kleine Ortschaft San Nicolas, hier gab es zum Glück eine Bar. Hier traf ich auch Eirek, Kunz, Xaverius und Shirley, die waren schon etwas früher losgegangen. Shirley hatte Magen-Darm-Probleme und ich verabreichte ihr meine guten Chinaöltropfen mit Wasser. Dann ging ich in die Bar, um mir einen leckeren Milchkaffe zu holen. An der Bar saß eine langbeinige, langhaarige und sehr nette junge Frau, diese lächelte mir zu. Ich nahm mein Frühstück trotz der morgendlichen Kälte draußen vor der Bar ein. Während dessen kam die Hübsche aus der Bar, lief los und ich sah im letzten Moment noch eine kleine Deutschlandfahne an ihrem Rucksack hängen. Ich trank schnell meinen Kaffee aus und lief ihr, begleitet von Xaverius und Shirley, hinterher.

Irgendwie zog mich diese Frau an und nach ca. 2 weiteren Kilometern hatten wir sie überholt. Ich ließ mich einfach zurückfallen und sprach sie an. Nadja, aus der Nähe von Nürnberg, arbeitete als Unterstufenlehrerin und wollte nur bis Astorga laufen, da sie nicht so viel Urlaub hatte. Wir liefen noch ein halbes Stündchen zusammen weiter und machten an der Ruine der Kapelle Virgen del Puente, an einem wunderschön gelegenen Rastplatz, Halt. Hier teilten wir unser Essen und quatschten, und in mir stieg immer mehr der Drang zum Weinen auf. Irgendwie musste dies Nadja gespürt haben und fasste mich an den Händen und hielt diese fest und es brach förmlich aus mir raus. Ich weinte und schluchzte aus meinem tiefen Inneren heraus, so dass ich mich überhaupt nicht mehr einkriegte. Ich denke, dass ich mindestens eine viertel Stunde so geheult habe, während Nadja mich hielt und ermunternd immer wieder zusprach, Alles aus mir heraus zu lassen. Nach dem der Heulemann, so nannte Nadja den Besuch der Tränen, vorbei war, sagte sie zu mir, dies gehe fast allen auf dem Camino so. Dies käme von der Befreiung und Erlösung von allen Drücken, die in der Gesellschaft so auf die Menschen wirken. Ich hatte dies bereits im Vorfeld meiner Reiseplanung in Berichten über den Jakobsweg gelesen und mich darüber ansatzweise lustig gemacht, und an diesem Tag hatte mich dieses Gefühl selbst eingeholt. Ich war auf einmal so glücklich und erleichtert wie nie in den letzten Jahren meines Lebens!

Kurze Zeit später gesellte sich dann eine ältere Französin zu uns, welche nicht mehr laufen konnte. Sie weinte darüber, ich tröstete sie und rieb ihr die Füße mit meinem Chinaöl ein. Auch dabei musste ich gleich wieder anfangen zu weinen. Sie bedankte sich und konnte dann auch tatsächlich weiterlaufen. Was für eine Energie hatte mich da erreicht?

Mein Traum von der vorherigen Nacht hatte mir bei genauerem Nachdenken ja gezeigt, dass der Mantel (meine Fliesjacke) um meine Brust und somit um mein Herz demontiert worden war und mich die Schwalbe auf dem Weg zu den inneren Gefühlen begleitet. Die war aber plötzlich weg und ich stellte mir die Frage, ob die Schwalbe nicht Nadja bzw. ein Vorbote von ihr war? Mir wurde Nadja als Engel auf den Weg geschickt. Wer auch immer sie mir schickte, dies konnte kein Zufall sein. Ich dachte in diesem Moment, dass nichts Zufall ist und alles, was uns passiert, seinen Sinn hat. Es ist also sinnlos sich dagegen zu wehren.

Aus mir liefen die Tränen noch den ganzen weiteren Tag, denn ich hatte viel nach zu holen. Tränen die ich nie geweint und stets unterdrückt hatte. Alles kam förmlich aus mir heraus. Nadja fand das ganz normal und wir liefen den Rest des Tages bis Bercianos del Real Camino weiter. Dort fanden wir eine wunderschöne altertümliche Herberge aus einem alten Lehmbau vor. Beim Eintreffen wurden wir herzlich mit kalter Zitrone begrüßt und es wurde uns der weitere Ablauf und die Regeln der Herberge erklärt. Die Herbergsleitung wollte für den Aufenthalt nur eine Spende und wer nichts hatte, brauchte auch nichts zu geben. Ich gab 5 Euro, wie immer.

Mit uns kam Irena aus Ungarn an, ich dolmetschte Englisch – Deutsch mit der Herbergsleitung, da Irena nur Deutsch oder Ungarisch verstehen konnte. Ich denke, Irena war Mitte 50. Sie hatte viele Jahre im Wirtschaftsministerium in

Budapest gearbeitet und war vor kurzem aus der Politik ausgestiegen. Jetzt wollte sie ihre Gedanken auf dem Camino setzten lassen und nach dem Weg zu Hause vielleicht noch einmal studieren, am liebsten Psychologie.

Nach dem Sachenwaschen und -aufhängen verschwand Nadja auf einen nahe gelegenen Heuhaufen und winkte mir von weitem zu. Ich ging zu ihr und legte mich mit ihr auf so einen gepressten Heuquader. Nadja war sehr traurig und weinte. Sie erzählte mir die Geschichte von ihrem Ex-Freund, was der Hauptgrund ihrer Reise sei. So wollte sich von ihm lösen und brachte es aber auch hier noch nicht richtig fertig. Sie erzählte mir die ganze Geschichte von Anfang bis Ende. Sie liebte ihren Freund, welcher schon zwei Kinder aus einer Ehe hatte, von ganzem Herzen. Er aber, von seiner Exfrau immer betrogen, hatte Angst vor einer weiteren richtigen Beziehung und wollte auch aus Misstrauensgründen keine Kinder mehr mit einer Frau. Er misstraute demzufolge auch Nadja. So kam es, dass die beiden sich im Laufe der letzten Jahre ständig trennten und wieder zusammen fanden. Sie fanden auf Grund der gegenseitigen körperlichen Verbindung immer wieder zu einander, da diese sehr stark war. Hier konnte er vor allem in der körperlichen Ebene seine wahren Gefühle unbewusst offenbaren. Aber sobald sie wieder eine Weile beieinander waren, war das Misstrauen wieder da und es ging Berg ab mit der Beziehung.

Jetzt glaubte ich wirklich nicht mehr an Zufälle, denn das, was mir Nadja gerade aus ihrer Sicht schilderte, war die selbe Geschichte meiner letzten Liebe, von welcher ich mich zum vierten Mal eine Woche vor meinem Camino trennte. Mir wurde hier und jetzt Nadja auf meinem Weg geschickt, um mir die Perspektive meiner Ex-Freundin aufzuzeigen. Haargenau die selbe Geschichte und mir wurde damit ein Spiegel vorgehalten, denn mein Herz war genau wie bei Nadjas Ex voller Misstrauen gegen eine Beziehung geworden, da ich genau das erlebte wie er. Ich musste unbedingt umdenken, sonst schaffe ich nie wieder eine dauerhafte harmonische Liebe, welche ich mir so wünschte. Auch ich hatte gute Gründe, auf dem Jakobsweg zu laufen und mich von negativen Erlebnissen zu befreien, denn ich stand mir, bezüglich Frauen, auch nur selber im Weg.

Ich erzählte Nadja meine Geschichte und sie war sehr dankbar dafür, da sie nun auch die Position ihres Ex-Freundes besser verstehen konnte und auch dabei merkte, wie sehr er gelitten haben muss. Somit wurde ich auch zum Vertreter ihres Ex, also war es auch kein Zufall, dass ich Nadja auf den Weg geschickt wurde. Das Leben ist oft einfach unerklärlich, mystisch und doch so voller Wunder.

Um 18:00 Uhr beteten wir alle gemeinsam in der kleinen Sakristei der Herberge und unterhielten uns über unsere positiven und auch negativen Erfahrungen auf dem Weg. Ich erzählte, dass ich den ganzen Tag befreiend geweint hatte und dass ich dankbar war welche Wunder der Weg bei mir bewirkte. Ich dankte auch Gott (meiner inneren Stimme), dass er mich führte und ich somit nichts falsch machen konnte, wenn ich nur auf ihn hörte.

Nach dem gemeinsamen Treffen aller Pilger wurde zusammen gekocht und dann anschließend der Sonnenuntergang bestaunt. Danach tranken wir alle noch Wein vor der Herberge in der lauen Sommernacht. Es spielten einige meiner Pilgerkollegen auf der Gitarre und wir sangen alle mit.

Ich ging dann vollkommen erschöpft, denn die Schmerzen meldeten sich auch wieder, in mein Bett. Als ich schon fast eingeschlafen war, kam Nadja, legte sich neben mich in das Bett und kuschelte sich an mich heran. So schliefen wir dann schließlich ein.

Was oder wer kann Gedanken übertragen?

23. August 2006 Bercianos del Real Camino – El Burgo Ranero – Reliegos (21,5 km)

Nadja und ich waren die letzten, die aufgestanden waren, es war bereits halb acht. In der Herberge war niemand mehr außer uns, nicht einmal die Herbergsleitung.

Im Frühstücksraum war ein Frühstückstisch gedeckt mit den letzten zwei Gedecken, so zusagen unsere, die noch nicht benutzt waren. Mit seit langem wieder einmal vollem Frühstücksmagen gingen wir nach unserem »Breakfast for two« los.

Wir unterhielten uns und Nadja erzählte mir von den Schmetterlingen und das alle Lebewesen Energieträger seien. Die Schmetterlinge, welche überall am Jakobsweg den ganzen Tag entlang flattern, schaffen eine positive Energie und sie übertragen die Gedanken der Pilger untereinander, welche sich bereits einmal auf dem Weg begegnet sind.

Bislang hatte ich die Schmetterlinge kaum bemerkt. Doch jetzt als ich endlich einmal meinen Blick wieder hob und die Welt wieder sah, fiel mir auf, dass uns auf dem ganzen Weg kleine blaue Falter und große braune Pfauenaugen ständig begleiteten. Die Natur war vollkommen lebendig und es drehte sich nicht alles nur um den Menschen.

Wir kamen nach 8 km nach Burgo Ranero und machten dort in einer kleinen Bar Rast. Ich war den ganzen Morgen schon wieder recht wehmütig und als wir dort saßen und uns über die Welt unterhielten, begann ich wieder einmal einfach so zu heulen. Da mir dies in Nadjas Gegenwart nichts ausmachte, ließ ich dies einfach geschehen und war nicht, wie das erste Mal, mit diesem vielen Gefühl vollkommen überfordert.

Als wir so saßen, kam eine ganze Truppe von Radlern angefahren und machte auch an der Bar Rast. Nach dem sie festgestellt hatte, dass wir auch Deutsche waren, setzten sie sich einfach zu uns. Das war die Truppe der Krappacher Radfahrer, welche so alle paar Jahre immer wieder den Camino heimsuchten. Erst waren mir die Jungs etwas unsympathisch und ich wirkte auch auf sie sicher etwas unnahbar. Mit Sicherheit kam dies, weil ich im Moment durch meine tiefe Wehmut bei mir, nicht ganz so die Lust auf Kommunikation mit Fremden hatte.

Die Truppe der Radfahrer, voran der Dekan ihrer kirchlichen Gemeinschaft, waren aber vollkommen in Ordnung und so kam es, dass wir uns sicher eine Stunde gut unterhielten. Danach stellten wir uns mit den Radlern in einem Kreis auf, fassten uns an den Händen und beteten gemeinsam das Vaterunser. Im Anschluss segnete der Dekan Nadja und mich, und alle Radfahrer drückten uns und wünschten uns einen guten Weg. Mir kamen plötzlich die Tränen und einigen Radlern standen auch gleich welche in den Augen. Wie konnte es möglich sein, dass ich mich bei für mich wildfremden Menschen geborgener fühlte als bei den Menschen zu Hause? Oder war das zu Hause das Gefühl welches mich hier mit den Pilgern, die ihren Weg gehen wollten, verband?

Einer der Radler schenkte mir zum Schluss einen kleinen Zettel, welchen er vor Tagen von einem anderen Pilger geschenkt bekam. Er bemerkte, dass die Weitergabe dieser Geschenke die Energie fördere. Auf dem Zettel stand:

Wege
fordern Bewegung,
machen uns Beine,
sind ausgetreten oder neu.

Sie führen uns zu vertrauten Plätzen
oder ins Ungewisse.
Sie machen uns Hoffnung,
bergen Spannungen.
Wege
verzweigen sich in Auswege,
Umweg, Irrwege,
gerade und verschlungene Wege.
Am Ziel jedoch solltest du sagen können:
»I did it my way«

Die Radler verabschiedeten sich von uns und wir blieben noch einen Moment sitzen und zu uns gesellte sich Valentina aus Spanien. Eigentlich kam sie aus Frankreich, zog aber nach der Trennung von ihrer langjährigen Freundin einfach an die Küste Spaniens um neu anzufangen. Sie blieb die ganze Zeit allein und ließ sich auf die Liebe nicht mehr ein, bis sie eine Frau aus Deutschland kennenlernte und sich in diese verliebte. Von da an war sie in panischer Angst, wieder verletzt zu werden und wollte sich von den erlebten negativen Erfahrungen auf dem Jakobsweg befreien. Sie wollte erst nur bis Leon und dort ihre Liebe treffen und dann zusammen mit ihr weiterlaufen. Sie war richtig aufgeregt, denn Leon war rein von den Etappen ja bereits am nächsten Tag zu erreichen.

Wir verabschiedeten uns von Valentina und gingen weiter. Unterwegs fiel Nadja dann zurück, denn sie wollte allein sein. Sie sagte noch, ich sollte auf die Schmetterlinge achten.

Mir war es ganz recht, da ich selbst auch wieder eine Menge zu verarbeiten hatte und zog richtig durch. Es war an diesem Nachmittag auch verdammt heiß und bis zum Tagesziel waren es noch 13,5 km, ohne einen Ort dazwischen. Ich dachte viel an Nadja und das gemeinsam Erlebte. Die vielen Gespräche und die Seelenverwandtschaft, welche uns verband. Immer, wenn ich darüber nachdachte, flatterte mir ein blauer kleiner Falter ins Gesicht und schwirrte dann immer um mich herum. Nach Nadjas Theorie nahm er bestimmt meine Gedanken auf und leitete sie weiter. Später, als ich mich nicht mehr so intensiv mit meinen Gedanken beschäftigte, kam ein braunes Pfauenauge an mich heran und machte fast genau das selbe, wie vorher der kleine blaue Falter. War dies die Antwort von Nadja auf meine Gedanken?

Meine Kräfte schwanden und mir wurde schwindlig, so dass ich in der Gluthitze immer öfter Rast machen musste. Dann ging mir auch noch das Wasser aus, denn ich war mit nur einem Liter bei der letzten Rast gestartet. Der Weg zog sich immer länger und wollte schier kein Ende nehmen und ich schleppte mich mehr, als das ich noch vernünftig lief. Ich bekam es langsam mit der Angst zu tun, denn ich war allein, hatte kein Wasser mehr und es waren sicher 40 Grad im Schatten. Ich aber lief in der prallen Sonne.

Nach einer endlosen Qual von ca. 1,5 Stunden lief ich in Reliegos ein. Am Ortseingang öffnete ich bereits meine Schuhe, weil meine Füßen und

Beine schmerzten. Ich lief dann wie ein erschöpfter Gaul, welcher seinen toten Reiter hinter sich herzog, ins Dorf. An der ersten und einzigen Bar hielt ich gleich an und trank erst einmal einen halben Liter Cola, denn ich war vollkommen unterzuckert und mir fehlte Wasser. Dann checkte ich in der Herberge ein, duschte und ging mit Irena aus Ungarn in die Bar zurück. Dort habe ich dann meine Schmerzen mit Bier gekillt und so nach und nach trafen dann Nadja und Valentina ein. Sie waren ebenfalls vollkommen am Ende, schimpften auf den nie endenden Weg und erzählten beide, dass ihnen das Wasser ausging. Nadja erzählte mir außerdem, dass sie ganz viel an mich dachte und dabei immer ein großer brauner Schmetterling um sie herum flatterte. Ich erzählte ihr ebenfalls von der Begegnung mit meinen Schmetterlingen, somit war die Gedankenübertragungs-theorie zumindest für uns in diesem Moment bestätigt und auch wenn es sich regelrecht kitschig anhört, hat es sich genauso zugetragen. Nadja bekam von mir den Spitznamen »Butterfly-Woman of Camino«.

Irena und ihre Wegbegleiterin kochten für uns ein traumhaftes, aber sehr scharfes ungarisches Essen in der Herbergsküche und ich spendierte dazu zwei Flaschen Rotwein.

Mit uns aß auch Marleen aus Hamburg. Sie hatte ein schweres Schicksal mit ihren 22 Jahren getroffen. Ihr Freund hatte sich aus dem Fenster ihrer Wohnung zu Hause gestürzt und sie machte sich Vorwürfe, dass sie die Veränderungen bei ihm nicht bemerkt hatte. Nun war sie auf dem Camino um zu vergessen, doch wie das Leben so ist, hatte sie sich vor 3 Tagen in einen Italiener auf ihrem Weg verliebt.

Nach dem Essen gingen wir ins Bett, Nadja lag in einem Doppelstockbett oben neben mir. Die Nacht war eine Katastrophe, denn es war heiß, stickig und im Bett waren Flöhe oder Wanzen. Diese bissen und pickten uns, so dass wir richtige Wunden an den Armen und Beinen hatte. Zusätzlich lag schräg unter uns ein Typ, der ständig schnaufte und dann rein und raus rannte. Wir hatten schon den Verdacht, dass er ständig masturbierte. Es reichte dann und wir packten unsere Sachen mitten in der Nacht, gingen eine Etage tiefer und rollten unsere Schlafsäcke im leer stehenden Gastraum aus. So konnten wir wenigstens noch 5 Stunden schlafen.

Wie funktioniert der Austausch unter Seelen?

24. August 2006 Reliegos – Mansilla de las Mulas – Leon – La Virgen de Camino (32,5 km)

Ich hatte einen richtigen Scheiß-Morgen. Ich war vollkommen schlecht gelaunt, verhielt mich distanziert zu den anderen und hatte das Gefühl, unbedingt allein sein zu wollen.

Ich ging dann aber mit Marleen los, denn sie hatte Fieber und Durchfall und bis zur nächsten größeren Stadt waren es immerhin 6 ½ km. Also wollte ich bei ihr sein und im Ernstfall für sie sorgen. Es war aber doch eher nicht so angenehm, denn sie musste sich auf der ersten Hälfte der Strecke aller 500 Meter übergeben. Ich leistete ihr Beistand, so gut wie es ging, und wir unterhielten uns über ihre Probleme aus der Vergangenheit, und so nach und nach ging es ihr besser. Ja, ihr Zustand schlug ins Gegenteil um und sie machte dann schon ein paar Witze, sie war überhaupt so eine kleine lebensfrohe Natur. Aber ich litt dafür für sie, denn ich konnte mich schon immer gut in andere hineinversetzten.

Da wir durch den Besuch der Übelkeit bei Marleen immer wieder Pause machen mussten, holte uns schließlich Nadja ein. Ihr ging es auch so richtig schlecht, denn der Heulemann war nun bei ihr zu Besuch. Sie hielt sich an mir fest, weinte und klagte mir ihr Leid über ihren verlorenen Exfreund und dass sie ihn immer noch liebe, sowie das sie es immer noch nicht geschafft habe sich von ihm zu lösen. Auch dieses Leid übernahm ich in meinem Verständnis für die Situation und litt nun auch mit ihr mit.

Diese Vorgänge raubten meine ganze Energie und ich war auf einmal vollkommen schlapp und niedergeschlagen. Meine Dünnhäutigkeit an diesem Tag hatte zugelassen, dass ein Energieaustausch stattfand. Marleen und Nadja ging es wieder relativ gut und ich war am Ende. Am liebsten hätte ich mich auf den Weg gelegt und wäre einfach liegen geblieben.

Ich beschleunigte meinen Schritt und lief voraus und fragte mich allerdings, wie dieser Austausch der seelischen Energien denn wohl von statten ginge. Da ich mich damit beschäftigte und mich nicht mehr auf das Leid der anderen stürzte, war ich ganz schnell wieder bei Kräften.

Zum einen scheint es so zu sein, dass es Menschen gibt, welche mit einer Haut zu wenig auf die Welt gekommen sind. Diese Menschen können des anderen Leid oder auch Freud genau nach empfinden und nachvollziehen, sowie sich in die jeweilige Situation hinein versetzen. Sie interpretieren das Erzählte dabei ganz auf der emotionalen Ebene. Somit öffnen sie sich unbewusst dem Anderen gegenüber und ziehen durch dieses Verhalten förmlich andere Menschen, welche Verständnis suchen, damit an. Man gilt dann immer als verständnisvoller und guter Zuhörer.

Der Gegenpol dazu sind Menschen, welche unbewusst alle ihre Probleme nach außen oder auf andere überlagern. Dies geschieht durch eine Art von Projektion. Somit entlasten sich diese Seelen nach dem Motto »Einer trage des anderen Last« und befreien sich streckenweise von ihren Leiden. Dieser Vorgang geschieht durch den Projektierenden natürlich unbewusst. Er fühlt sich lediglich nach dem Gespräch befreit und erleichtert. Dies erklärt dann zwangsläufig auch den Drang dieser Menschen bei Problemen, aus der positiven Erfahrung des Verstehens durch andere heraus, denselben Menschen bei Problemen wieder aufzusuchen.

Wenn aber die Dünnhäutigen den Menschen, welche gern ihre Belastungen auslagern, einmal ihr Leid im Gegenzug klagen wollen, versperren sich diese dagegen oder weichen aus. Meist können diese Menschen kein anderes Leid ertragen und kommen mit ihrem eigenen Leid schwer zu Recht. Sie haben allerdings den Schutzmechanismus, welcher den Dünnhäutigen fehlt.

Daraus resultiert natürlich die Frage, wie man denn als Dünnhäuter, der ich ja bin, dem Energieraub entgegen treten kann? Ich denke dies kann nur über Selektion erfolgen. Mitfühlen und einen Teil von anderen Menschen tragen, kann man sicher mit den Menschen, welche einem sehr nah stehen. Wie z.Bsp. die eigene Frau, das eigene Kind oder der beste Freund. Ausselektiert werden sollten die Menschen, welche nur in schwierigen Zeiten den Kontakt zu einem suchen und in guten Zeiten nicht zur Verfügung stehen.

Nachdem ich nun meine Gedanken und das Erlebte beim Weiterlaufen mit einem Abstand zu meinen zwei Leidgeplagten geordnet hatte, kam ich erst einmal allein in Mansilla de las Mulas an. Ich wartete an der erst besten Bar und machte mein zweites Frühstück. Dann kamen auch Nadja, Marleen und Irena mit ihrer ungarischen Weggefährtin an der Bar an. Irena sagte, ihr gehe es heute auch nicht so besonders, hatte aber an ihren Pilgerstab, wie jeden Tag, frische Feldblumen gebunden. Es war wunderschön mit anzusehen mit welcher Liebe und

Hingabe Irena jeden Tag neue Blumen an ihren Stab band.

Marleen ging es wieder richtig schlecht und wir beschlossen, da heute alle nicht so gut drauf waren, die 19 km nach Leon mit dem Bus zu fahren. Dies war auf meinem Weg das einzige Mal, wo ich mich sozusagen beim Pilgern beschummelt habe.

In Leon angekommen ging es Marleen wieder viel besser, als wenn unsere Anteilnahme ihr geholfen hatte. So gingen wir erst einmal in die Stadt und machten vor der riesigen Kathedrale in einem Restaurant eine große Pause. Hier saß auch Jochen, welchen ich das letzte Mal in Fromista traf. Wir setzten uns zu ihm und speisten und tranken regelrecht fürstlich. Der wunderschöne sonnige Tag an diesem schönen Platz hellte alle unsere Seelen wieder auf, so dass Nadja, Marleen und ich planten, nicht in Leon zu bleiben. Wir wollten lieber weiter laufen.

So gingen wir dann zum späten Nachmittag die restlichen 8 km zum Ortsausgang von Leon, bis an den Abzweig La Virgen del Camino. Es war ein beschwerlicher, trister und langweiliger Marsch. Der Jakobsweg geht durch die halbe Stadt und zum Ausklang vor dem Ziel durch ein Gewerbegebiet. Ich dachte noch beim Laufen, dass wir zum Glück mit dem Bus nach Leon hereinkamen und uns somit die erste Hälfte der Stadt mit Gewerbeansiedlungen erspart geblieben war.

Am Tagesziel landeten wir in einer Herberge am Ausgang der Stadt in einer Art Sportpark. Die

Herberge war wie ein Hotel und vom Allerfeinsten, der absolute Gegensatz zur Herberge von der letzten Nacht in Reliegos. Hier in der Herberge gab es sogar eine Waschmaschine mit Trockner, so dass wir für 2 € alle zusammen eine Waschmaschine wuschen und die Sachen auch gleich mit der Maschine trockneten. Danach gingen wir noch etwas essen und jeder unternahm noch etwas für sich. Ich setzte mich in eine Bar an der Hauptstraße und killte die Schmerzen des Tages. Anschließend ging ich in die Herberge, räumte meine frisch gewaschen und nach Weichspüler duftenden Sachen auf, und freute mich über die Vorteile der Zivilisation und die Sauberkeit hier in diesem Herbergen-Hotel. Nach dem Zähneputzen fiel ich in mein Bett und schlief sofort ein.

Was ist Freiheit?

25. August 2006 La Virgen de Camino – Villar de Mazarife – Hospital de Orbigo (30,0 km)

So gut, tief und fest hatte ich bisher noch nicht auf dem Jakobsweg geschlafen. Der Hotelcharakter der Herberge und die nötige Erschöpfung trugen dazu bei, und ich erwachte voller Kraft und Ausgeglichenheit. Die Schmerzen waren weg und ich wusste bereits im Bett, dass dies ein guter Tag werden würde. Nadja und Marleen waren bereits auf und ich blieb einfach noch ein wenig liegen und war der Einzige, welcher noch in seinem Bett lag. Ich genoss die Stille und die Ruhe, welche mir durch den kurzen Augenblick im Schlafsaal der Herberge geschenkt wurde, und fasste den Vorsatz heute den ganzen Tag für mich zu sein.

Nach den morgendlichen Ritualen eines Pilgers machte ich mich mit den beiden Mädels auf den Weg. Wir gingen erst einmal in die Bar zum Frühstück. Nach dem Frühstück verabschiedeten wir uns von Marleen, denn sie wollte noch auf Mikie aus Japan warten, welche in den nächsten Stunden aus Leon hier vorbei kommen musste. Mikie, eine japanische Studentin aus Heidelberg, hatte Marleen vor Tagen hier auf dem Jakobsweg kennen gelernt.

Ich ging also mit Nadja los und schon nach wenigen Metern war der Ortsaugang erreicht und wir standen wieder einmal auf der gelb-grauen und steinigen Piste. Da war also wieder unser Glück, der Camino de Santiago und es dauerte auch nicht allzu lang, dass er unser wieder einmal belohnte und auf seine Weise mit uns kommunizierte.

Der Camino zeigte uns mitten auf den Weg einen Stein in der Form eines Herzens, sozusagen ein steinernes Herz. Was wollte der Weg uns damit zeigen? Hatten wir mittlerweile alle steinerne Herzen, weil die Gesellschaft uns zwingt, jeden Tag hart im Überlebenskampf zu sein und uns mit aller Macht durchzusetzen? Oder war es das Herz des steinigen Weges, welches immer mit uns ging und sich da vor uns offenbarte? Da das Herz so wunderschön war und wir es als Öffnung des Weges und somit auch als Öffnung unserer Herzen verstanden, schlossen wir es ganz tief in uns ein. Damit die Stimme des Herzens auch in Zeiten der Überlagerung durch andere Stimmen im Leben bestehen kann, machte ich für mich noch ein Foto davon.

Nach dem wir eine Stunde gelaufen waren, machten wir Rast. Während der Pause sagte ich zu Nadja, dass ich ab jetzt allein weiter gehen wolle und müsse. Sichtlich gefasst und auch darauf vorbereitet, sagte sie zu mir, dass ich wie ein Schmetterling sei.

Ein Schmetterling der jeden Morgen ausfliegt um die vielen Blumen zu besuchen, ein Schmetterling der frei zum Leben sein muss, um überhaupt existieren zu können. Ein Schmetterling, welcher jede Art von Unfreiheit ablehnt und der lieber für einen schönen Augenblick bereit ist zu sterben, als nur einen Tag gefesselt zu leben. Ich fragte Nadja, ob wir Menschen nicht alle so wie die Schmetterlinge sind. Sie antwortete mir, dass dies stimmt und es aber immer wieder Menschen wie mich gebe, welche ein besonderes Maß an Freiheit brauchen und dass dies ein großes Geschenk für andere Menschen sein kann, wenn der Schmetterling jeden Abend glücklich nach Hause zurückkehrt um sein Glück mit dem anderen zu vermehren. Doch leider wollen viele Menschen ihren Schmetterling jeden Tag um sich haben und sind dann schockiert, wenn er eines Tages nach den Schmerzen und Qualen des Gefangen seins traurig in der Ecke sitzt und das ganze Glück, was er in Freiheitstagen versprühte, sich nun nicht mehr ausbreiten und vermehren kann.

Zum Abschied schenkte mir Nadja noch einen Text vom Schöpfer der Träume, welchen ich erst später lesen sollte. Mit Tränen in den Augen drückten wir uns ein letztes Mal und ich lief los. Ich wusste, dass wir uns auf dem Camino nicht mehr wieder sehen würden.

Ich lief wieder allein und war befreit von allem. Ich traf keinen einzigen Mitpilger und wenn ich mich umdrehte konnte ich Nadja nicht mehr sehen, denn sie hatte mit Sicherheit noch weiter Pause gemacht, um Abschied zu nehmen. Ich hatte plötzlich auch keine Angst mehr allein zu sein und befand mich doch wie am Anfang meines Weges in der gleichen Situation, dass kein anderer Mensch kilometerweit weder vor noch hinter mir war. Zum einen vertraute ich der Stimme meines Herzens und somit Gott, und außerdem waren die Schmetterlinge und somit Nadja in Gedanken bei mir. Was für ein wunderbares Gefühl allein und doch nicht allein zu sein, dachte ich und ein Anflug von Glück erfasste mich. Ein Mensch mitten in der Pampa allein, fernab von aller Kommerzialisierung und Steuerungsmechanismen und doch glücklich. Es geht also besser ohne alles, als mit allem haben und sein zu müssen bzw. zwangsläufig sein zu wollen.

Nach knapp 15 km kam ich in Villar de Mazzarife an. Ich ging vorbei an einer Herberge am Ortseingang, in welcher ich mich nach dem Plan des gestrigen Abends dann mit Nadja und Marleen treffen wollte. Aber der Plan war ja nun bereits überworfen und so ging ich weiter. In der Ortsmitte ging ich in eine Bar und bestellte zwei große Baguettes mit frischen Tomaten. Ich trank nach dem Essen dann noch einen Kaffee und schrieb die einzige Karte meiner Reise an meine Exfreundin, da ich schon den ganzen Tag an sie denken musste. Schlapp und voll gestopft mit Essen dachte ich, da an der Bar angegliedert auch eine Herberge war, dass ich heute gleich hier bleibe. Aber irgendetwas trieb mich weiter. Weiter zu anderen Blumen, wenn ich der Rolle meines Seins des Schmetterling gerecht werden durfte und wollte.

Es war bereits 15 Uhr und die Sonne brannte heiß, als ich am Orteingang ankam. Ich stand nun vor dem Weg, von welchem ich wusste, dass er weitere endlose 15 km bis zum Tagesziel ohne Zwischenstation bedeutete. Mittlerweile war ich auch bereit vielleicht einmal nicht anzukommen und unter Umständen auf den Feldern im Freien zu schlafen. Wie einen doch dieser Weg verändert, dachte ich kurz und lief los.

Der endlose gerade und menschenleere Weg machte mir dann doch etwas zu schaffen, zumal es an diesem Tag auch sehr heiß war. Zum Glück hatte ich genug Wasser mitgenommen, denn ich hatte aus einem Fehler gelernt und ein zweites Mal fast verdursten wollte ich mir an diesem schönen Tag nicht leisten. Aber der Camino half mir wieder zum Glück und zu einem alten und neuen Weggefährten, denn nach der Hälfte des Weges kam plötzlich Kunz aus dem Maisfeld.

Kunz hatte sich im Feld eine Verschnaufpause gegönnt und seine kaputten Füße gepflegt. Nachdem er seine Wanderschuhe, in denen er nicht mehr laufen konnte, gegen Sandalen gewechselt hatte, war er aus dem Feld auf die Straße getreten. Genau in dem Moment wo ich auf gleicher Höhe war. Ich erschrak erst einmal, weil ich die Bewegung nur aus dem Blickwinkel gesehen und das plötzliche Geräusch im Feld vernommen hatte, doch dann war die Freude nach dieser Überraschung bei mir gleich doppelt so groß.

Kunz war die letzten Tage viel allein gelaufen und hatte auch einige riesige Tagesetappen gemeistert, so dass er ganz schön erschöpft wirkte. Da Kunz nicht so der redseligste Mensch ist und war, gingen wir den Rest der Strecke mehr schweigend als redend bis Hospital de Orbigo. Ich hatte aber das Gefühl, dass, obwohl wir nicht redeten, uns trotzdem stillschweigend verstanden.

Am Tagesziel angekommen, gingen wir über eine eindrucksvolle römische Brücke mit gepflastertem Original-Jakobsweg-Steinen über das gesamte Flusstal. Die Brücke verbindet die beiden Ortsteile von Hospital de Orbigo, wobei die Brücke ca. 800 Meter lang ist und somit ein sehr großes Flussbett überspannt. Auf der anderen Seite angekommen, erreichten wir gleich eine sehr schöne und altertümliche Herberge.

Die Herberge wurde von 1991–1993 durch Freiwillige des Christophorus-Jungendwerkes aus Breisach mit finanzieller Unterstützung der Daimler-

Chrysler AG restauriert. Die Herberge hatte einen separaten Garten, eine eigene Kapelle und einen wunderschönen Innenhof mit Malereien und Verzierungen aus vergangenen Jahrhunderten.

Nach dem Duschen schrieb ich mein Tagebuch und las den Text den mir Nadja als Abschiedsgeschenk mit gegeben hatte. Der Text aus dem Buch »Schöpfer der Träume« von Bruce Wilkinson enthält sehr viele Wahrheiten und handelt davon, seinem Herzen und seinen Träumen zu folgen, auch wenn dies nicht immer leicht ist. Ich las den Text mehrmals und mir war dabei ganz weich ums Herz geworden und ich erkannte, dass genau dies es war, was ich suchte. Ich wollte nach meinem Herz und den Träumen in mir leben. Den Blick auf die Sterne ausrichten, auch wenn so mancher Stern dennoch unerreichbar ist und nur als Orientierung auf einer Geraden dient.

Ich schrieb den kompletten Text in mein Tagebuch ab, um den Originaltext bei Bedarf einem anderen Pilger schenken zu können, um die positive Energie des Geschriebenen zu mehren. Im Abschluss ließ ich meinen rechten Fuß, welcher sich bereits seit 2 Tagen mit einer großen Blase schmückte, von so einer Art Krankenschwester der Herberge behandeln.

Sie zog mir mit einer Spritze und Kanüle das Wundwasser aus der Blase und spritzte dort dann Desinfektionsmittel ein. Ich biss dabei vor Schmerz auf einen Lappen, da das Mittel auf dem rohen Fleisch wie Feuer brannte. Danach verband sie mich und sagte, ich könnte damit am nächsten Tag locker bis zu 30 Kilometer laufen. Aber es wäre wohl besser die nächsten Tage im wahrsten Sinne des Wortes etwas kürzer zu treten.

Ich war wieder einmal todmüde und wollte auch nicht mehr länger auf meiner Blase am Fuß herum trampeln. So ging ich, nach dem Pilgermenü in einer nahe gelegenen Bar, dann gegen halb zehn bereits zu Bett.

Jakobsweg nach Carrion de los Condes

Ortseingang Terradillos de los Templarios

Leben in Steinen nach Terradillos de los Templarios

Herberge in Bercianos del Real Camino

Sonnenuntergang in Bercianos del Real Camino

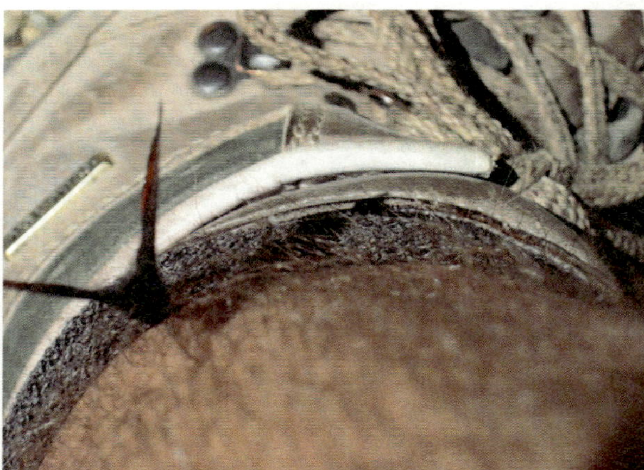

Mein brauner Schmetterling

Sonnenaufgang nach Religios

Kathedrale in Leon

Herz des Camino de Santiago

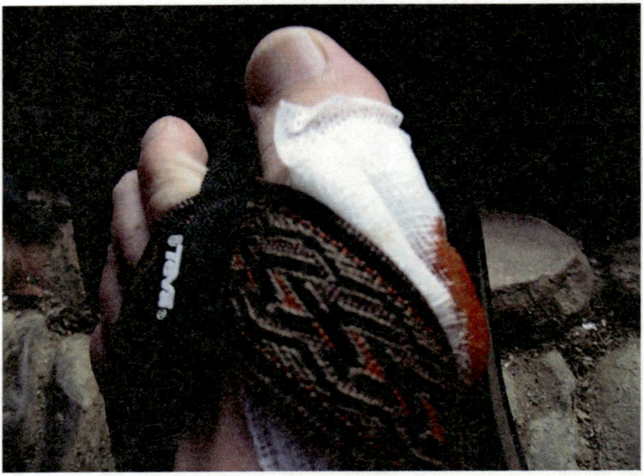

Blasenreparatur in Hospital de Orbigo

Lohnt es sich auf die Stimme des Herzens zu hören?

26. August 2006 Hospital de Orbigo – Santibanez de Veldeiglesias – Astorga (20,0 km)

07:00 Uhr aufstehen, denn die ersten Pilgergeister packten schon ihre Sachen. Ich hatte wieder einmal sehr gut geschlafen und stieg, statt das ich aufstand, langsam aber sicher von dem Doppelstockbett oben herab. Wie verabredet ließ ich mir gleich nochmals den Fuß, auf nüchternen Magen mit derselben Tortur, behandeln und ging dann zum Frühstück, welches bereits komplett vorbereitet auf den Tischen stand. Es gab Kaffee, Baguettes und süße Sachen, so wie dies hier in Spanien üblich ist, und da ich mittlerweile eine gewisse Seelenruhe verspürte, nahm ich mir auch die nötige Zeit. Es hatte auch keinen großen Sinn los zu hetzen, zumal ich mir zur Schonung meiner Blase am Fuß nur 20 km Tagesetappe vorgenommen hatte, die ich mittlerweile, wenn ich dies wollte, unter 3 Stunden am Stück laufen konnte. Wie sich der Körper und der Geist des Menschen doch in so kurzer Zeit umstellt und sich an Dinge gewöhnt, wenn das Individuum nur einmal etwas Disziplin übt, dachte ich, und ging meine restlichen Sachen packen.

Gegen halb neun verließ ich als letzter die Herberge, verabschiedete mich noch von der Krankenschwester, welche mich natürlich in positiver Absicht so gequält hatte, und lief ganz gemütlich allein los. Nach 2 km erreichte ich bereits Villares de Orbigo, ein kleines Dorf mit einem großen Herz für Pilger. Die Leute grüßten alle sehr freundlich und mitten im Dorf stand ein Brunnen als Pilgerdenkmal mit einem Kreuz. Wenn man durch das Kreuz von unten sah, war nur der blaue Himmel zu sehen und ich dachte mir, dass dies bewusst so aufgestellt worden war. Das Symbol des Kreuzes zum Himmel und der Himmel am Ende des Kreuzes. So wie in jedem Leben, war zumindest meine Interpretation.

Am Ortsausgang, bevor der Wald begann, war eine Art Schrein aufgebaut worden. Dieser bestand aus einem großem Kreuz, einer menschengroßen Puppe als Pilger angezogen und einem Tisch, worauf verschiedene beschriebene Zettel lagen. Zusätzlich waren überall kleine Steinhaufen aufgetürmt, in welchen verschiedene kleine Mitbringsel wie Tücher, Jakobsmuscheln, Ketten oder Blumen befestigt waren. Auf dem Tisch lag eine Erklärung über den Schrein in mehreren Sprachen. Es handelte sich um eine Gedenkstätte für einen polnischen Pilger, welcher hier vor Jahren aus Erschöpfung gestorben war. Alle Pilger, vor allem die polnischen Pilgerkollegen, legten hier etwas nieder bzw. beteten für die Seele dieses Pilgers. Hier an diesem Denkmal traf ich das erste Mal Hendrikje aus Belgien.

Hendrikje war knapp 50 Jahre, hatte 4 Kinder zu Welt gebracht und 3 davon groß gezogen, da eins von den Kindern wenige Monate nach der Geburt gestorben war. Ich dachte sofort an meine Mutter, welche ja auch 3 von 4 Kindern groß gezogen hatte und auch ein Kleinkind verloren hatte. Da ich ja nun bereits seit Tagen nicht mehr an Zufälle glaubte, war ich mir sicher, dass mir hier die Vertreterin meiner Mutter auf den Weg geschickt worden war, auch wenn ich nicht wusste, wer denn immer für das Schicken bestimmter Personen verantwortlich war. Es kam mir sogar so vor, als ob die Pilger auf dem Jakobsweg ihrem jeweiligen bereits bis zu diesem Zeitpunkt gelebten Leben in der Kurzform begegnen und dabei die wichtigsten Personen ihres Lebens in Vertretung treffen.

Hendrikje war auf dem Camino unterwegs, um nach den schönen aber entbehrungsreichen Jahren der Kindererziehung endlich mal die Gedanken für sich ohne Einflüsse von außen ordnen zu können. Zusätzlich wollte sie Erfahrungen mit den verschiedensten Menschen sammeln, da sie sich im Bereich Astrologie, nach ihrem nun abgeschlossenen Hausfrauendasein, verselbständigen wollte. Sie hatte die Astrologie bisher immer nur als Hobby gesehen, aber ich merkte sofort, dass sie sich darüber mehr als nur auskannte und dachte, dass sie sich neben der Erziehung der Kinder ausschließlich damit beschäftigt hatte. Mein Englisch hatte sich durch die Kommunikation der letzten Tage sehr verbessert, so dass wir uns super unterhalten konnten und ich ließ mich gleich einmal astrologisch analysieren. Obwohl sie mich nun überhaupt nicht kannte und sie mir zum ersten Mal im Leben begegnet war, sagte sie mir nach Angabe meines Geburtsdatums und der zugehörigen Uhrzeit genau wer ich bin bzw. ihrer Meinung nach sein sollte.

Ihrer Meinung nach, weil ich Waage und somit kein Tier oder eine Person bin, bin ich etwas ganz kompliziertes, ein Ding. Man sehe mir äußerlich den Aszendent Zwilling an und die Waage ist tief in mir drin und somit ist es für andere Menschen sehr schwer mich einzuschätzen. Ich brauche das Gefühl der Entscheidungsfreiheit und die Kommunikation mit vielen anderen Menschen. Ich muss wie ein Schmetterling jeden Tag von Blume zu Blume fliegen können um glücklich zu sein und dies sei für mich lebensnotwendig. Als sie das sagte, hatte ich das Gefühl ich werde ohnmächtig, denn Nadja hatte mir genau dasselbe zwei Tage vorher beim Abschied gesagt und die beiden konnten sich nicht kennen, weil ihr Hendrikje Nadja auf dem Weg bereits weit voraus war.

Meine Pilgerastrologin analysierte weiter, dass ich den Frieden und die Harmonie liebe und es meine Bestimmung sei, den Menschen die Herzen mit meinen Geschichten und Erzählungen zu öffnen. Aber ich bräuchte auch die Abgeschiedenheit der Natur um meine Gedanken zu ordnen und um mich immer wieder neu zu inspirieren, denn sonst wird mir schnell langweilig und ich verliere die Motivation.

Genau das alles bin ich und so fühle ich. Ich wollte schon immer frei sein und mit der Natur im Einklang leben, die Welt verbessern, Ungerechtigkeiten bekämpfen, sowie Frieden und Harmonie unter den Menschen verbreiten.

Doch leider hörte ich nicht auf die Stimme meines Herzens, welche schon immer genau wusste was und wer ich war, was ich sein möchte und wo meine Bestimmung liegt. Doch was tat ich die ganze Zeit, bis jetzt kurz vor meinem 39. Geburtstag? Ich tat das Gegenteil! Ich passte mich an und ließ mich durch die Mechanismen der Konsumgesellschaft fremd steuern. In die Komfortzone gepresst, lebte ich Jahre in Unkenntnis und im ständigen Zweifel über das was ich bin und sein wollte. Durch Manipulation und Verfälschung wurde ich vor allem unfähig, mich von einmal Verwirklichtem zu trennen und konnte nicht mehr unterscheiden was nun wirklich für mich wichtig war und was nicht. Dies brachte eine gewissen Entscheidungsblockierung und vor allem viele Zweifel mit sich. So wurde ich mit Zunahme meines persönlichen Wohlstandsniveaus immer ängstlicher. Ich hatte Angst ich könnte etwas davon verlieren bzw. mir könnte jemand etwas wegnehmen. Durch die gesteuerte Pseudolebensverwaltung der Gesellschaft und den daraus entstehenden sinnlosen und zeitraubenden Beschäftigungen war die Stimme meines Herzens fast gänzlich verstummt.

Doch jetzt hatte ich das große Glück auf dem Jakobsweg, fernab aller Mechanismen zu sein, und ich hörte jeden Tag immer stärker die Stimme aus mir heraus, die jetzt im Augenblick das schrie, was mir Hendrikje gerade als mir bereits bekannte Neuigkeit verkündet hatte. Ich ärgerte mich, dass ich die Überstimmung meiner inneren Stimme die vielen Jahre nicht bewusst wahrgenommen hatte und beschloss, in diesem Moment, ab sofort immer nur noch auf mein Herz zu hören. Weil das die einzige Stimme ist welche den Weg des Glückes dem Menschen weißt.

Wir waren ohne es zu merken 15 km am Stück gelaufen und sahen ein riesiges Steinkreuz in Sichtweite auftauchen. Das Kreuz steht vor dem Weg ins Tal nach Astorga hinunter und ist eins der bekanntesten Wahrzeichen des Jakobswegs. Am Kreuz angekommen konnten wir das ganze Tal überblicken. Wir setzten uns auf eine Bank und machten Rast. Dabei legten wir beide unseren gesamten Proviant auf den Tisch und aßen ihn gemeinsam auf. Hendrikje verabschiedete sich und ich blieb noch eine Stunde sitzen, um über das Erlebte nachzudenken und darüber Eintragungen in mein Tagebuch an Ort und Stelle zu machen. Dann machte ich mich auf den Weg und erreichte nach einer knappen Stunde die Herberge »Servia del Maria« in Astorga.

An der Rezeption wurde ich von einem deutschen Praktikanten begrüßt und dieser zeigte mir die komplette Herberge. Diese war außergewöhnlich sauber und komfortabel und hatte fast einen Hotelcharakter, einmal abgesehen von den 6-Bett-Zimmern. Ich wusch mich und schrieb den Rest meiner Reflektionen in mein Tagebuch. Danach ließ ich mir hier nochmals die Füße mit selbiger bereits bekannter und grausamer Tortur behandeln. Anschließend ging ich in die Stadt.

Astorga ist eine wunderbare Stadt mit sehr vielen Sehenswürdigkeiten. Angefangen von der Kathedrale über das alte Kloster und dem spektakulären Bau des Bischofspalastes von Antonio Gaudi aus dem 18. Jahrhundert. In der Stadt war, da Wochenende war, wieder einmal Fiesta. Schon wieder Fiesta und Party auf allen Gassen. Ich ging in ein Restaurant und ließ mich auf der Terrasse indessen köstlich bewirten. Ich ließ dabei das bunte Treiben der Fiesta, trotz meines Wunsches nach Ruhe, wohlwollend über mich ergehen. Gesättigt, leicht angetrunken und benebelt von dem Spektakel der Fiesta, wankte ich gegen 21 Uhr nach Hause und schlief eine halbe Stunde später zufrieden ein.

Welche Energien ziehen Menschen gegenseitig an?

27. August 2006 Astorga – Murrias de Rechivaldo – Rabanal de Camino (21,5 km)

Ich ließ mich durch das morgendliche Rascheln meiner Zimmergenossen sanft wecken. Es war immer noch dunkel im Zimmer und so lang wie noch jemand schläft bzw. sich cleverer Weise noch schlafend stellt, getraut sich niemand das Licht vor 7 Uhr anzumachen. Das ist so eine Art ungeschriebenes Gesetz auf dem Camino. Doch es gibt viele Pilger, welche weit vor Sonnenaufgang losmarschieren wollen. Diese müssen dann leise und mit einer Taschenlampe ihre Sachen packen.

Aber wie ich die Augen öffnete und mich regte, wurde auch das Licht sofort angemacht. Mich störte es nicht, denn ich trollte mich erst einmal zur Morgentoilette und ließ mir richtig Zeit dabei.

Mein Fuß sah sehr gut aus, denn die Blase war ausgetrocknet und die Haut hatte sich abgelöst. Trotzdem wollte ich den Fuß noch etwas schonen und hatte mir am Vortag bereits eine Etappe von nur knapp 22 km für diesen Tag heraus gesucht. Da es in der Herberge kein Frühstück gab und ich auch keinen Proviant mehr hatte, packte ich meinen Rucksack und ging kurz vor acht los.

In der Stadt tobte unglaublicher Weise immer noch Fiesta, so wie bereits vor einigen Tage in Carrion de los Condes. Die Straßen sahen aus wie nach einem Rockkonzert oder einer großen Müllschlacht. Nachdem ich mich dann durch die Fiesta und den Dreck gearbeitet hatte, setzt ich mich kurz vor dem Ortsausgang Astorga in ein schönes Cafe, wo ich mir Kuchen und Kaffee gönnte. Leider gibt es in Spanien selten etwas Deftiges zum Frühstück, so dass ich mich hier mit dem täglichen süßen Morgen, als Herzhaftesser, doch etwas umstellen musste.

Da auf dem Jakobsweg heute niemand unterwegs war bzw. ich der letzte Mann zu sein schien, hatte ich viel Zeit zum Nachdenken, vor allem über das was mir gestern Hendrikje mit auf den Weg gegeben hatte. Ich brauchte also die notwendige Balance zwischen Allem im Leben und musste unbedingt lernen auf mein Herz zu hören, da dieses mir immer anzeigt wann etwas genug ist und wann ich etwas anderes machen soll. Um Liebe, Frieden und Harmonie zu haben und anderen zu bringen, musste ich, wie in Herr der Ringe mein Schwert neu schmieden, denn es war genau im Herzen zerbrochen und hielt die Dinge nicht mehr richtig zusammen. Ich wusste, dass dies sehr schwer werden würde und beim Gedanken daran, drohte der Alltagsstrudel bereits wieder mit Untergang der Herzensstimme.

Ich wurde vor Schreck aus meinen Gedanken gerissen, denn ich hörte laute Schüsse nicht weit von mir entfernt. Ich schaute in die Richtung wo es knallte und sah, dass ein Mann mit einem Gewehr bewaffnet auf alles Leben schoss was sich bewegte. Ich bekam es mit der Angst zu tun, denn ich war allein und irgendein Verrückter lief 50 Meter von mir entfernt auf dem Feld Amok. Als der Typ mich sah, kam er direkt auf mich zu und bevor ich Panik bekam erkannte ich, dass er zwei Jagdhunde dabei hatte und hier in der kargen Landschaft nur Hasen und Vögel jagte. Er grüßte mich und wünschte mittels »Buen Camino« mir einen guten Weg. Ich bedankte mich bei ihm und bat ihn auf Spanisch, ein Foto von ihm machen zu dürfen. Ich knipste ihn und lief mit dem Gedanken mit dem Leben davon gekommen zu sein von dannen.

Es war glühend heiß an diesem Tag und die Luft stand förmlich. Ich kam gegen 12 Uhr nach knapp 15 km in dem kleinen Dorf El Ganso an. Dort setzte ich mich in einen schönen Biergarten und machte Siesta. Dort saß ich dann mindestens 1 Stunde und bekam auf einmal grundlos das Gefühl von Aufgeregtheit. Zirka 5 Minuten später gesellten sich Anita und Mitch aus Valencia zu mir. Anita war sehr hübsch und hatte lange, lange, lange Beine, sowie stahlblau leuchtende Augen. Sie kam mir irgendwie wie ein Engel vor und hatte eine magische Anziehungskraft auf mich. Ich starrte sie an wie ein vom Blitz Getroffener und dachte darüber nach, dass ich Anitas Ankunft bereits vorher durch meine Aufregung schon gespürt haben musste. Also hatte ich mich von ihr angezogen gefühlt, bevor sie mir physisch begegnete. Gab es so etwas?

Mitch war so ein typischer dunkler spanischer Mann, der etwas von einem Torero hatte. Wäre da nicht das Manko gewesen, dass er mindestens einen halben Kopf kleiner als Anita war und er sie somit vielleicht nicht bezwingen konnte.

Wir unterhielten uns so gut wie es ging, aber das Englisch der beiden war noch schlechter als meins. So rauchten und tranken wir wesentlich mehr als das wir sprachen. Wir tranken Sidra, ein göttliches Getränk welches Mitch spendierte. Sidra ist so etwas wie Apfelwein, hat aber ganz viel Kohlensäure und wesentlich mehr Alkohol. Man gießt dieses Getränk in eisgekühlte Gläser aus einer Höhe von 40–50 Zentimetern ein. Wenn dann das Getränk im Glas richtig aufschäumt wird es dann gleich auf Ex ausgetrunken. Tja und dass machten wir eine ganze Weile und ich, welcher kaum Alkohol vertrug, blieb als die beiden aufbrachen einfach noch eine Stunde sitzen, um nur noch Wasser zu trinken. Als ich wieder etwas bei Verstand war, brach ich gegen 15 Uhr wieder auf.

Nicht weit von El Ganso steht ein Schild am Weg mit der Aufschrift »Mystik Natur« und geht dann an einem Stück Wald von vielleicht einem Kilometer Länge vorbei, welcher komplett eingezäunt ist. Dieser Zaun ist mit Holz-Kruzifixen versehen. Es ist beim Vorbeigehen richtig unheimlich, da dort kein Vogel fliegt, geschweige denn zwitschert. Die Schmetterlinge sind an diesem Ort verschwunden, es surren keine Bienen und es ist fast beängstigend still. Ich war jedenfalls froh mit aufgestellten Körperhaaren an dieser mystischen Stätte, deren Hintergrund ich nicht kannte, heil vorbeigekommen zu sein und erreichte dann mein Tagesziel Rabanal del Camino.

In der Mitte der Ortschaft, gleich neben der Kirche, fand ich meine anvisierte Herberge »Refugio Gaucelmo«. Gaucelmo war ein Herbergsvater aus den 11. Jahrhundert. Die Herberge ist sehr alt und wurde von einer englischen Jakobus-Vereinigung im Jahre 1989/90 komplett restauriert und wird seit dieser Zeit von freiwilligen Helfern aus England geführt. Die Herbergsväter begrüßten mich in akzentfreiem Englisch und zeigten mir alles. Ich suchte mir ein Bett aus und spendete 5 €, da hier nicht verpflichtend gezahlt werden musste. So hatte ich nur noch 10 €, welche gerade noch für das Abendessen reichten. Ich hatte an diesem Tag nirgendwo unterwegs einen Geldautomaten gefunden und ärgerte mich, dass ich in Astorga nicht noch Geld gezogen hatte.

Anita und Mitch waren auch hier. Als ich meine Wäsche aufhängen ging, kam mir Anita einfach hinterher und wir rauchten eine zusammen. Da wir uns schlecht verstanden, holte ich zur besseren Kommunikation mein Reisewörterbuch. Wir unterhielten uns dann über das Leben und die Anziehungskraft der Menschen untereinander.

Ich erzählte ihr, dass ich sie heute bevor sie in Al Ganso an der Bar ankam bereits gefühlt hätte bzw. ihre Ankunft sich durch Aufregung in mir bemerkbar gemacht hatte. Sie erzählte mir, dass auch sie kurz vor der Rast aufgeregt war und dies nicht definieren konnte, aber dass sie sich aber in solchen Dingen sehr gut auskannte, da sie eine sehr spirituelle Frau war. Sie fragte mich danach sofort nach meinem Geburtstag.

Der ist am 18. Oktober und Anita's Geburtstag ist der 18. April. Somit stehen wir uns nach Anitas Aussagen genau in den Tierkreiszeichen gegenüber. Dies ließe auch die extreme Anziehung, welche wir beide spürten, erklären. Da wir uns aber haargenau gegenüber stehen und somit vollkommen gegensätzlich sind, würden wir uns nach gegenseitiger Aufladung aneinander sofort wieder abstoßen. Damit wollte sie ausdrücken, dass Gegensätze sich sehr stark anziehen würden und aber ein Zusammenleben meist unmöglich machen würde. Das Gegenstück dazu wäre nach ihrer Meinung, dass wenn sich zwei absolut ähnliche Körper begegnen. Diese würden sich nicht so anziehen, stellen aber beim Kennenlernen die relative Ähnlichkeit fest. Dies würde aber dann sicher schnell sehr langweilig werden, weil der andere Körper keine bestimmte Eigenschaft hätte, die den anderen ergänzt bzw. anziehen würde.

Die beste Mischung für einen gesunden Energieausgleich wäre somit die Hälfte von Anziehung und von Gleichheit. Dies stelle die Basis für eine gute zwischenmenschliche Beziehung dar. Ich fragte sie daraufhin, dass dies ja die Sternzeichen sein müssten, welche, wie bei der Uhr, auf viertel und dreiviertel stehen, wenn das eigene Sternbild auf Punkt zwölf steht. Meine Frage konnte Anita nicht so richtig interpretieren und somit blieb die Lösung für alle menschlichen Beziehungsprobleme an diesem Tage wieder einmal unerforscht und offen.

Ich ging dann 200 Meter zur nächsten Bar und kaufte mir ein großes Bier. Ich wollte zwar keine Schmerzen killen da es diese zum Glück nicht mehr gab, aber grundloses Biertrinken war trotzdem genau so lecker wie begründetes.

Die Bar war an eine Pension angeschlossen, in welcher es abends auch das abendliche Menü gab. Beim Essen traf ich Toby aus Leipzig. Toby hatte sich den Jakobsweg in einem Reisebüro aufschwatzen lassen, statt einfach loszuziehen. So war er gezwungen, jeden Tag vorgegebene Ziele zu erreichen. Er schlief nur in Hotels und Pensionen, hatte mindestens die doppelten Kosten als die anderen Pilger und hatte an vielen Tagen Etappen bis zu 40 km zwingend zu bewältigen. Dabei hatten diese Reiseverkehrskaufleute ihn wahrscheinlich auch noch ganz schön über den Tisch gezogen.

Ich erzählte Toby meine Misere mit dem Geld, welches mir gerade ausgegangen war, und er borgte mir unter Angabe seiner Bankverbindung einfach so 20 €. Er pumpte mir Geld und hatte Vertrauen. Ich dachte noch kurz, dass hättest du hier auch gemacht, aber zu Hause wahrscheinlich nie. Hier ist eben alles anders und so gesehen ist jetzt und hier das Zuhause, da hier mehr Vertrauen herrschte als im wirklichen Leben.

Dann gesellte sich noch Hendrikje zu uns und fing sofort an Toby astrologisch zu analysieren. Er fühlte sich sichtlich wohl dabei und ihm erging es anscheinend so wie mir gestern Mittag, als mir dieses Wunder an Mensch begegnet war.

Ich verabschiedete mich nach dem Essen und ging auch gleich in mein Bett. Beim Einduseln wurde mir bewusst wie zufrieden und stolz ich war diesen Weg hier gehen zu dürfen. Vor allem machten mich die vielen Menschen, die ich hier jeden Tag traf und alle ähnliche Ansichten hatten wie ich, sehr glücklich. Dies nahm mir die Einsamkeit, welche ich unter den von der Konsum- und Leistungsgesellschaft verblendeten Menschen oft fühlte. Ich war also hier nicht allein!

Ist gegenseitiges Verstehen möglich?

28. August 2006 Rabanal de Camino – Foncebadon – El Acebo (18,0 km)

Diese Nacht hatte ich überhaupt nicht gut geschlafen, denn unter und neben mir schliefen zwei Extremschnarcher. Der eine von beiden Schnarchern war eine ältere Frau, welche beim Schnarchen immer wieder die Luft anhielt und dann wie bei einem Erstickungsanfall begleitet in extremen Husten verfiel. So eine interessante Geräuschkulisse hatte ich noch nie des Nachts auf dem Camino. Leider raubte diese mir die ganze Nacht meinen Schlaf und verführte mich dazu, noch vor dem Morgengrauen gegen 06:00 Uhr aufzustehen.

Ich wurde gleich nach der Morgentoilette und dem Sachenpacken mit einem leckeren Frühstück, welches kostenlos von den Herbergsvätern bereits zubereitet war, belohnt. Ich ließ es mir schmecken und lief noch im Dunkeln gegen sieben los. Mit mir gingen die zwei Polinnen und der dazugehörige Amerikaner, welche ich am Vorabend kurz kennen gelernt hatte, los.

An diesem Tag ging es zum ersten Mal in die Berge und ich freute mich schon auf die wunderbare Sicht auf die Landschaft des Bierzo. Nach 6 km erreichte ich Foncebadon und trank dort noch einen Kaffee bis ich weiter zum Pass auf 1.517 Meter aufstieg. Von diesem Pass ging es dann wieder etwas den Berg herunter zum Cruz der Ferro (Eisenkreuz) auf 1.504 m. Als ich dort ankam saßen auch Mitch und Anita bereits da, denn die beiden waren an diesem Morgen bereits weg als ich in der Herberge losging.

Das Cruz de Ferro ist ein Kreuz welches auf einem riesigem Steinhaufen steht. Der Haufen erinnert so ein bisschen an eine Schutthalde nach der Entkernung eines Hauses, da hier verschiedene große Steine und Utensilien im Laufe der Jahre zusammengetragen worden sind. Mitten aus dem Haufen ragt ein Eichenstamm von vielleicht 5–6 Meter Länge an dem oben ein eisernes Kreuz befestigt ist. Hier auf diesem Haufen legen die Pilger seit der Romanisierung aus Tradition einen Stein ab. Den Stein trägt der Pilger seit Beginn der Reise bei sich und er symbolisiert die persönlichen Lasten und Sorgen des Einzelnen. Mit Ablage des Steines werden auch die Lasten abgelegt und der Mensch wird davon frei.

Auch ich hatte meinen Stein, aus Kenntnis dieses Rituals, beschrieben mit meinen Sorgen, welche ich bereits zu Hause mit einem permanent Marker aufgetragen hatte, bei mir. Ich setzte mich auf eine Bank vor dem Kreuz und ließ in stiller Andacht die Altlasten nochmals Revue passieren und schwor mir, die Vergangenheit mit all ihren Missgeschicken und Fehlern einfach loszulassen. Das fiel mir sehr schwer und ich benötigte ca. eine Stunde dafür. Schließlich ging ich mit dem Stein in meiner verschwitzten Hand auf den Haufen am Kreuz und legte diesen dort ab. Obwohl es kaum ein Geräusch machte, kam es mir vor, als ob ich dort eben einen riesigen Klotz abgelegt hatte. Ich war erleichtert, ging wieder auf meinen Weg und hatte das Gefühl, dass mein Rucksack plötzlich um die Hälfte leichter geworden war.

Danach ging der Weg stetig bergab, an der Passstraße entlang und schlängelte sich immer wieder rechts in den Wald hinein und nach einigen Metern wieder parallel zur Straße heraus. In einem Abstand vor mir liefen die beiden Japaner Owai und Haruki, welche mich oben am Kreuz überholt hatten.

Plötzlich trat in einer Passage im Wald ein großer Hund von der rechten Seite aus auf den Weg heraus und blieb stehen. Ich erschrak erst einmal, da ich im Reiseführer gelesen hatte, dass hier kurz vor dem nächsten Ort viele wilde Hunde hausen und diese zum Teil auch nach den Pilger schnappen. Der Hund war sehr groß, so wie ein ausgewachsener Bernhardiner oder Neufundländer, und schaute mich an. Mir blieb nichts anderes übrig als zitternd in einem Abstand von einem Meter an ihm vorbei zu laufen. Beim Zurückschauen sah ich, dass das Ungeheuer dann den Weg überquerte, als ob es mich vorher höflich vorbei gelassen hatte. War doch ein ganz netter Hund, dachte ich.

Ich kam dann nach 10 Minuten in Manjarin an. In diesem Ort gab es nur verlassene Häuser, wilde Hunde in Horden und die Herberge am Wegesrand. Die Herberge führt Tomas. Er wollte 1993 nach Santiago pilgern und ist einfach in der Einsamkeit hängen geblieben und sorgt seit dem, wie in der Tradition der alten Tempelritter, für die Pilger. Dazu gehört, dass er Essen kocht, Schlafplätze anbietet und persönliche Gespräche sowie die Betreuung durchführt. Außerdem füttert er die wilden Hunde täglich, so dass diese seit er hier lebt keine Pilger mehr aus Gründen der Nahrungssuche angefallen haben. Hier machte ich kurz Rast und trank in der lustigen Gesellschaft einen Kaffee und unterhielt mich mit einem Schauspielstudenten aus der Schweiz, der hier seit 5 Monaten hängen geblieben war.

Alexis hatte sein Studium hingeschmissen, denn er wollte sich an der Schauspielschule keinen anderen Stil aufdrücken lassen. Seine Eltern waren steinreich und hatten eine Hotelkette weltweit, doch er wollte nicht die Unternehmensnachfolge antreten. So wollte Alexis erst einmal bei Tomas in Manjarin bleiben, bis er an den Punkt kommt, bis er dann wirklich wusste, was er aus all dem machen sollte.

Toby kam dann auch mit seinem Rucksack angepilgert, setzte sich nur kurz zu uns und ging dann weiter. Ich ging mit ihm und wir unterhielten uns angeregt über das gegenseitige Verständnis von Menschen untereinander. Dabei stimmten wir überein, dass jeder Mensch in seiner eigenen Welt lebt. Diese Welt ist zwar in den meisten Fällen durch meinungsbildende Dynamiken manipuliert, aber die Sicht, mit welcher die Welt die einzelnen Menschen für sich sehen, ist doch sehr unterschiedlich. Das Verständnis von zwei Menschen untereinander nimmt zu, um so ähnlicher die Erziehung, die Erlebnisse, die Bildung und der Lebensweg waren. Umso mehr sich diese Kriterien unterscheiden umso weniger werden diese Personen Verständnis für die jeweilige Welt des anderen finden. Dies bedeutet aber auch, dass ein Idealfall von absoluten gegenseitigem Verstehen nie eintreten kann und dass Toleranz im Umgang mit der Weltensicht anderer Menschen immer und zu jeder Zeit gefragt ist. Schon allein der Fakt dass Verstehen nicht möglich ist, ließ sich für das Verständnis von Toby und mir besser mit der Welt und anderen umgehen.

Jetzt ging der Weg steil Berg ab und wir erreichten geschafft El Acebo. Es war erst Mittag und wir machten dort an einem kleinen Geschäft Rast. Die Inhaberin, ein alte Dame in einem typischen gute Oma-Format, machte uns leckere Schinken-Tomaten-Baguettes und wir gönnten uns beide ein Dosenbier.

Ich wollte hier bleiben, obwohl ich erst 18 km heute gelaufen war, denn ich hatte keine Lust mehr weiter zu gehen und außerdem war ich viel zu schnell. Weil wenn ich so weitergelaufen wäre, hätte ich dann in Santiago bis zum Abflug noch mehrere Tage bleiben müssen. Toby musste noch knapp 17 km weiter, da sein nächstes, vom Reisebüro vorgebuchtes Hotel in Ponferada war.

Wir verabschiedeten uns und ich checkte mich in der Herberge ein. Mitch und Anita saßen im Restaurant an der Herberge und aßen zu Mittag und irgendwie hatte ich das Gefühl, dass es wieder einmal so sein musste, sie immer wieder aufs Neue zu treffen.

Hier in der Herberge beendete auch Raul aus Belgien seine Tagestour. Mit 70 Jahren ging er nun das fünfte Mal den Camino de Santiago in seinem Leben und sagte zu mir: »Junge dat is mein fünfter und letzter Camino, ich kenn de Camino!«. Im Garten auf einer Bank erzählt er mir, dass er für seine Familie und einen gefallenen spanischen Kriegskameraden seines Vaters den Jakobsweg gehe. Dieser Soldat ist mit den Worten »Jetzt werde ich meine Heimat nie wieder sehen« in den Armen von Rauls Vater in Russland im 2. Weltkrieg gestorben. Dort kämpften die Soldaten aus Flandern und Spanien Seite an Seite. Da sein Vater dies ihm als Kind einmal erzählte und er jetzt auch langsam über den letzten Schritt des Lebens, den Tod, nachdachte, hoffte er, dass der spanische Gefallene seine Heimat durch ihn nochmals sehen konnte, da der Soldat in den Armen eines Familienmitgliedes von ihm gestorben war. Er glaubte dabei selbstverständlich an energetisch-seelische Verbindungen zu dem Gefallenen.

Wir gingen dann gemeinsam essen und neben uns am Tisch saß eine junge Italienerin ganz allein. Raul, ein Gentlemen der alten Schule, lud sie zu uns an den Tisch ein. Wir unterhielten uns zum Teil auf Englisch und mit Gebärden, da Anna-Pia nur wenig Englisch und sonst nur Italienisch sprechen konnte. Trotzdem verstand man sich eben, wie immer, wenn sich Menschen wirklich verstehen wollen.

Nach dem Essen gingen wir dann gleich ins Bett. Ich lag oben in einem Doppelstockbett direkt am offenen Fenster, die Sonne ging knallrot unter und ich schlief zufrieden ein.

Was macht einsam?

29. August 2006 Al Acebo – Riego de Ambros – Molinnaseca – Ponferada (16,5 km)

Mit dem Sonnenaufgang wurden wir drei nun wach und wechselten uns in dem einzigen Bad bei der Morgentoilette ab. Ein einziges Bad für 30 Pilgerbetten war hier vorhanden. Zum Glück hatten Anna-Pia, Raul und ich mit nur noch drei weiteren Pilgern in dem Schlafsaal übernachtet. Die anderen drei waren Studenten aus Bielefeld und hatten an diesem Morgen noch nicht das Bedürfnis so zeitig wie wir aufzustehen.

Die Bar und das Restaurant hatten noch geschlossen und für Frühaufsteher gab es einen Hinterausgang für den morgendlichen Aufbruch, welchen wir nutzten. Ich ging mit Anna-Pia voraus und Raul folgte uns in einem gemäßigten Abstand.

Anna-Pia war 37 Jahre alt und hatte die Nase voll von den Männern. Mit diesen hatte sie nach ihrer Aussage hin, immer nur Pech gehabt. Sie sagte mir, dass die ganzen Machos in Italien alle Angst vor starken Frauen hätten, und da sie leidenschaftliche Prozessanwältin war, hätte sie dies insbesondere immer am eigenen Leib erfahren müssen. Nun hatte aber mittlerweile ihre biologische Uhr stark angefangen zu ticken und sie wünschte sich ein Kind, mit oder ohne Mann war ihr dabei vollkommen egal. Ich bot ihr aus Spaß sofort an, dass ich ihr hier auf der Stelle auf dem Camino eins machen könnte. Sie antwortete wie aus der Pistole geschossen, dass sie gerade nicht fruchtbar war und es an diesem Tag keinen Sinn hätte. Da wusste ich auf einmal wie ernst es ihr mit dem Kinderwunsch wirklich war und stellte wieder einmal fest, dass Frauen zwar wunderbare Geschöpfe Gottes sind, aber dennoch immer schwer einzuschätzen sind.

Nach einer halben Stunde bergab erreichten wir Riego de Ambros und machten in der ersten Bar am Wege Frühstück. Es war wieder einer dieser sonnigen Tage, so dass wir um acht schon draußen sitzen konnten, obwohl die Sonne erst vor 30 Minuten aufgegangen war. Es gab wie jeden Morgen nur Süßes und ich bat die Kellnerin mir ein Tomatenbrot zu machen und sie machte mir es ohne zu widersprechen. Das hatte ich das erste Mal erlebt, denn ich hatte die letzten Tage immer ein »Nein« zur Antwort auf diese Frage in jeder Bar bekommen, wenn ich morgens bereits extra Wünsche in Richtung deftigem Essen geäußert hatte. Anna-Pia aß auf, ging bezahlen und verabschiedet sich von Raul und mir. Raul wollte dann auch bezahlen, doch die Kellnerin wollte kein Geld mehr da unsere italienische Begleitung klamm heimlich bereits für uns beide mit gezahlt hatte.

Raul machte sich auch auf die Socken und gab mir zum Abschied noch den Tipp, nicht so vielen Leuten auf dem Camino meine Adresse oder Sonstiges zu geben. Er meinte hier ginge auch viel Spuk über den Jakobsweg und er hätte da bereits schon schlechte Erfahrungen in der Vergangenheit gemacht. Er sagte dann noch zum Abschied zu mir: »Junge dat is mein fünfter und letzter Camino und ich weiß dat auch dein Weg in Ordnung geht, dat kannst du mir glauben, alles Gute für dich!«. Ich war sehr gerührt und drückte Raul einfach beim Abschied.

Da ich mir für diesen Tag auch wieder nur eine kleine Strecke ausgesucht hatte, bestellte ich mir noch einen großen Milchkaffee, gönnte mir ein Zigarettchen und ließ mich von der strahlenden Sonne noch eine Stunde vor der Bar verwöhnen. Als ich dann aufbrach, holte ich mir in der gegenüberliegenden Bank am Automaten noch 50 Mäuse und stapfte los.

Auf dem Weg war ich dann wieder ganz allein und es überkam mich nicht das Gefühl der Angst wegen des Alleinseins. Mich erfasste ein Gefühl von Einsamkeit in mir und der Blick nach Innen zeigte mir nur Dunkelheit und Leere. Ich wurde dabei sehr traurig und mir war wieder einmal so zumute, als ob mich gleich der Heulemann besuchen käme und ich fragte mich, was denn so schwer daran wäre mit sich allein zu sein?

Bislang war ich immer Jemand welcher überall präsent war, viele Freunde hatte und ein dynamisches Leben mit seinem Umfeld führte. Doch ich hatte mich unter den vielen Menschen streckenweise auch einsam gefühlt, bloß mit dem Unterschied zu dem Alleinsein hier auf dem Jakobsweg, auf welchem ich gerade lief, dass die Gesellschaft anderer Menschen die Gedanken an die eigene Einsamkeit immer schnell vertrieben hatte. So lief ich durch die Beschäftigung immer weiter von mir weg und verlernte mich zu kennen. Wer war ich nun eigentlich und was fehlte in mir, dass diese Einsamkeit verursachte?

In mir fehlte die Liebe zu mir selbst und ich war somit abhängig von denen, welche mir Liebe, in welcher Form auch immer, gaben. Als Kind liebte ich mich und meine bunte verträumte Welt. Doch mit dem Erwachsenwerden wurde man meist nur noch von außen gesteuert und entfremdete sich von sich selbst. Es manifestierten sich unbewusst Einstellungen, welche meist von permanenter Manipulation her rührten.

Die Sprüche kennt sicher Jeder, doch bei täglicher Suggestion besitzt Keiner die Macht sich erfolgreich dagegen zu wehren. Die Aussagen sind ganz einfach und lauten: »Nimm dir ein Beispiel an dem, der hat es geschafft, sei sozialkompetent, sei wie der, verhalte dich hierarchiekonform, das macht man nicht, was sollen die Leute denken« usw. Die Wirkung davon ist aber, dass man sich von seinem Selbst entfernt, sich meist nur nach den Vorgaben von außen einstellt, wie diese sein und sich benehmen möchte und sich am Schluss nicht mehr selbst erkennen kann. Aber die Grundvoraussetzung von einem zu Hause-Gefühl ist die Kenntnis des Heimes, also die Kenntnis von sich selbst und somit entsteht aus Unkenntnis des Selbst die Einsamkeit des Ichs. Ich behaupte an dieser Stelle sogar, dass der geschaffene Spalt des Ich zum Selbst die größte Volkskrankheit der heutigen Gesellschaft ist und die Menschen das Fehlende außerhalb statt in ihrem Inneren suchen. Sich somit bei dem Versuch sein zu wollen wie das Vorgegebene, sich noch weiter von sich selbst entfernen!

Nach diesem Denkansatz fühlte ich mich vollkommen frei und ich genoss meinen restlichen Weg nach Ponferada. Dort angekommen lief ich kurz vor der Brücke über den Fluss Stil an einer interessanten und sehr großen Burg vorbei. Der von den Kreuzrittern im Jahre 1118 in Jerusalem gegründete Templerorden errichtete die Burg im 12./13. Jahrhundert. Die damals dort lebenden Templer waren Ritter und Mönche zu gleich. Sie schützten die heiligen Stätten und die Pilger, also die Menschen welche ihren eigenen Weg gehen wollten. Schade dachte ich nur dabei, dass die Templer heute nicht mehr über die Wege der einzelnen Menschen wachen und es heute zwar auch Orden gibt, welche zwar nicht gegen individuelles Erkennen und Sein sind, dieses aber doch ungern unterstützen.

Selbst dem französischen König Phillip IV. waren damals die Templer ein Dorn im Auge, so dass er es im Jahre 1307 bereits schaffte, dass Papst Klemes der V. die Templerei wegen Hexerei und Satanskult verbot und die meisten Templer im Rahmen dieser Intrige umbringen ließ. Danach mussten die Menschen, welche ihren eigenen Weg gehen wollten, wieder ohne Schutz bis zum heutigen Tage auf ihrem ureigensten Weg auskommen.

An einem Cafe gegenüber der Burg ließ ich mir zwei Gläser Sidra schmecken, bestaunte die Burg und den Zweck ihres früheren Daseins. Dann lief ich in die Herberge am Stadtrand zurück. In der Herberge angekommen traf ich Irena aus Ungarn wieder. Raul war auch da und hatte unter mir im Doppelstockbett Quartier bezogen. Zu meiner großen Freude traf ich auch Xaverius, welchen ich nun seit 6 Tagen nicht mehr gesehen hatte. Xaverius, welchen ich heimlich »Spiritual Men of Camino« taufte, da er in Bercianos del Real Camino nach dem Gottesdienst in der Messe noch allein sang und betete, ist sicher ein wunderbarer Mensch. Aber er wirkte auf mich immer sehr unnahbar, oder spiegelte er zu diesem Zeitpunkt wieder mich?

Auch in der Herberge traf ich Bastian, einen ehemaligen Thüringer, welcher in Heidelberg studiert. Bastian war erst 22 Jahre und war, denke ich einmal, mehr oder weniger auf dem »Partytrip de Santiago«. Ich musste dann gleich richtig kräftig mit ihm und seinem englischen Mitpilger trinken, so dass ich einen Schwips hatte. Ich fragte mich später ob die Jungs auch tagsüber so viele Bierreserven mit sich herumschleppten wie an diesem Nachmittag in der Herberge.

Auf dem Gelände befand sich eine kleine Kirche in welcher 19 Uhr ein Gottesdienst für Pilger abgehalten wurde. Es war wunderschön, denn die Nonnen sangen ergreifende Choräle und die Gebetsblätter waren neben Deutsch noch in 6 weiteren Sprachen ausgelegt. Zum Schluss wurde eine brennende Kerze herumgereicht und Jeder, egal in welcher Sprache, durfte zu seinem Camino etwas sagen. Es war ein Verstehen ohne sich mittels der Sprache verstehen zu müssen und in der Kirche schwebte förmlich eine hohe göttliche Energie.

Nach dem Segen ging ich dann mit Irena, Raul und Xaverius zum Essen und nach diesem setzten wir uns mit vor die Herberge, wo wir den Gitarrenklängen lauschten. Manja, eine polnische Pilgerin, spielte die Klampfe und sang dazu in polnisch mir gänzlich unbekannte Lieder. Obwohl niemand außer der Interpretin die Sprache verstand, konnte jeder der Anwesenden, eingenommen meiner Person, die Sehnsucht und die Liebe in dieser Musik hören und fühlen.

In dem Reigen saßen auch die zwei Typen welche ich an diesem Tag bereits mit einer Schubkarre über den Weg schiebend gesehen hatte. Irena erzählte mir, dass dies zwei Jungs aus Kroatien sind. Sie legten täglich ihr ganzes Gepäck auf die Karre und schoben diese abwechselnd über den Jakobsweg. Leider hatten die Jungs aber so wenig Geld dabei, dass sie nie essen gehen konnten und meist im Freien übernachten mussten.

Nach einem letzten Bier mit Bastian ging ich dann, satt und zufrieden mit mir und der Welt, in mein Bett. Weil ich wusste dass Raul wieder schnarchen würde, stöpselte ich mir gleich die Ohren mit meinen Ohropax zu.

Was haben alle Drogen gemeinsam?

30. August 2006 Ponferda – Cacabelos – Villafranca del Bierzo (24,0 km)

Diese Nacht hatte ich wieder einmal schlecht geschlafen. Es war sehr warm in dem Zimmer, obwohl es nur ein 4-Mann-Zimmer war. Außerdem schnarchte Raul so laut, dass mir meine Ohrstöpsel nichts genutzt hatten. Im Gegenteil, Raul hatte meine Ohropax mir förmlich aus den Ohren geschnarcht, denn die lagen früh ganz alleine im Schlafsack.

Nach dem Waschen hatte ich gleich meine Sachen gepackt und ging in die Bar von gestern, von welcher ich wusste, dass sie früh zeitig öffnete. Ich frühstückte dort bis gegen viertel nach acht und lief los. Ich musste endlos durch die ganze Stadt sowie zum Schluss noch durch ein großes Gewerbegebiet laufen und kam schließlich durch eine letzte Unterführung unter der Schnellstraße auf die Piste am Feld. Befreit von der Stadt atmete ich auf und ging meinen täglichen Camino an.

Auf einem Rastplatz traf ich Raul, der war, obwohl er nach mir losgegangen war bereits dort. Er erzählte mir wieder, dass er den Camino kenne und sich den Weg über die Stadt erspart hat indem er unten am Fluss »Stil« bis zum Ortsausgang von Ponferada eine romantische Abkürzung gelaufen war. Wir hatten ein nettes Gespräch an diesem Morgen bei unserem 2. Frühstück im Freien. Raul hatte nach seinen Erzählungen auch immer für Andere gelebt und sich dabei verausgabt, vor allem dadurch, dass schließlich seine ganze Gutmütigkeit ausgenutzt worden war. Er konnte sehr schlecht »Nein« sagen und hatte erst mit dem zunehmenden Alter gelernt, genau zu selektieren was wichtig und unwichtig war. Raul verabschiedete sich dann wieder einmal und wünschte einen guten Weg und ich trabte nach 10 Minuten einfach hinterher.

Mitten im Wald hatte ich dann Xaverius getroffen und wir sind zusammen weiter gelaufen. Wir redeten nicht viel, aber sangen zusammen Lieder von Bruce Springsteen, während wir durch die wunderbare bergige Landschaft gingen. Xaverius ging mit eingebundenem Fuß und er zog das Bein leicht nach, denn scheinbar hatte er sich irgendwo verletzt. Wir erreichten dann Cacabelos und rasteten dort kurz und er erzählte mir, dass er Probleme mit dem Wadenbein rechts hatte und ihm außerdem immer die Fingerspitzen eingeschlafen waren. Ich sagte ihm, dass er wenn er nicht dem Unglauben verfällt, ihm Gott sicher helfen würde und erzählte ihm von seiner Taufe durch mich auf »Spiritual Men of Camino«. Das fand er gut und es munterte ihn auf. Doch beim Weitergehen machte ihm sein Bein immer mehr zu schaffen bis wir schließlich den Ortseingang von Villafranca del Bierzo erreichten. Dort angekommen, wussten wir nicht ob wir nach links oder nach rechts gehen sollten. Xaverius, welcher froh war unter Dauerschmerzen fast angekommen zu sein, fragte mich entnervt nach meiner Entscheidung. Ich sagte: »Xaverius, da das Herz links ist werden wir dem Weg des Herzens folgen und somit links gehen!«. Wir starteten los und nach 300 Meter standen wir wie durch ein Wunder plötzlich vor der Herberge. Xaverius war dabei sichtlich erleichtert und wir checkten dort ein.

Villafranca der Bierzo wird auch Klein-Compostela genannt. Nicht nur weil es hier viele Kirchen, eine Burg und viele Monumente gibt, sondern weil den Pilgern, welche auf der Reise erkrankten und es bis Villafranca schafften, hier bereits der Ablass aller Sünden gewährt wurde.

Die Herberge »Ave Fenix« in der wir eingecheckt hatten war sehr altertümlich und sehr pilgergerecht eingerichtet. Es gab hier neben einem extra getrennten Schlafraum für Schnarcher, einen Garten, eine Waschmaschine und aber auch uralte Holzwaschbretter aus vergangenen Zeiten. Ich ließ es mir nicht nehmen meine Wäsche auf altertümliche Art zu reinigen, und nachdem diese gereinigt war, gönnte ich mir in der Sonne ein kühles Blondes mit Raul, welcher auch bereits hier angekommen war.

Mit uns in der Sonne saß auch ein Bauarbeiter, welcher hier auf Ave Fenix immer mit half und gerade eine Pause machte. Ich unterhielt mich mit ihm auf deutsch, da er einige Jahre in Mannheim gearbeitet hatte. Er fühlte sich nach seinen Aussagen hier in Spanien wieder besser, als in der Zeit in welcher er im leistungsorientierten Deutschland gearbeitete hatte. Zu unserem Gespräch gesellte sich Anita, die gerade mit ihrem Rucksack allein hier eingelaufen war.

Im weiteren Gespräch packte dann der Arbeiter von Ave Fenix seinen Tabakbeutel aus und Anita war hoch erfreut zu sehen, dass er für alle einen dicken Joint baute. Ich war darüber nicht so begeistert und entzündete eine Diskussion über Drogen und wollte die beiden, da ich mich ja ausschloss, vom Kiffen abhalten. Ich argumentierte, dass Haschisch zu nichts weiter tauge um sich von der Realität zu entfernen bzw. um diese zu entschärfen und dass darüber hinaus bei Zunahme des Konsums und somit Abnahme der erlebbaren Betäubung nur der Griff zu mehr oder zu stärkeren Drogen bleiben würde. Ich behauptete sogar, dass alle Drogen gleich sind und verglich diese auch mit dem Fernsehgerät. In diesem liefen die meiste Zeit des Tages Filme und Spots, welche nicht der Realität entsprechen und uns täglich Perfektionismus und Schönheit vorgaukelten, die es nicht wirklich gäbe. Somit entsteht auch hier eine Sucht und es gibt via TV Opium fürs Volk und nichts anderes macht das Hasch. Dabei denkt der Kiffer, dass alles perfekt ist wenn er sich dem Rausch hingegeben hat und braucht diesen immer öfter. Leider erntete ich nur böse Blicke, aber ich erreichte wenigstens, dass die beiden sich mit ihrem Joint vom Tisch entfernten und es unterließen anderen etwas davon anzubieten.

Nach dem Gespräch ging ich mit Xaverius, der auch der Diskussion beiwohnte, in die Stadt. Wir kauften uns Proviant und setzten uns in die Sonne auf dem Markt in ein Cafe. Dort unterhielten wir uns über die Drogen und er war derselben Meinung wie ich und erzählte mir, dass er aus diesen Gründen auch keinen Fernseher mehr hatte und das Rauchen vor Jahren eingestellt hatte. Zum Thema aufhören mit dem Rauchen erzählte er mir noch, dass die Zigaretten nun einmal nachweislich süchtig machen und dies aber vom Staat durch die hohen Steuereinnahmen indirekt legitimiert worden war. So viel Fremdsteuerung wollte er nicht länger über sich ergehen lassen und hatte aufgehört mit dem Tabak.

Xaverius ging dann zum Arzt wegen seinem Fuß und ich ging in die Herberge zurück. Dort waren in der Zwischenzeit eine Menge Leute angekommen und Ave Fenix war ausgebucht. Unter den Neuankömmlingen war auch die schöne Ronja aus Nürnberg. Sie war ein Bild von einem Weib und sah der Schauspielerin Gudrun Landgrebe sehr ähnlich. Sie studierte Medizin und hatte ihr Examen verschoben, weil sie aus zeitlichen Gründen die Vorbereitung nicht geschafft hatte. Dadurch hatte sie Zeit für den Jakobsweg gewonnen und wollte ihr Examen dann im Herbst vorbereiten und im Frühjahr des nächsten Jahres schreiben. Ich sprach sie immer als die »schöne Ronja« an und dies gefiel ihr sehr gut. Es gefiel ihr so gut, dass sie sich bei mir bedankte und behauptete, dass dies noch nie zuvor jemand zu ihr sagte. Ich wunderte mich dann doch und fragte mich gleichzeitig, ob mich mein Geschmack und mein Empfinden so täuschen konnten, dass niemand anders als ich Ronja schön fand. Als ich mich jedoch umgeblickt hatte, war ich überzeugt davon, denn die anderen Männer betrachteten sie auch und sogleich beruhigte ich mich wieder bezüglich meines Schönheitsempfindens.

Ronja stellte mir dann Sonny vor. Er war ein verrückter Amerikaner welcher den Weg seit 4 Jahren jedes Jahr gegangen war. Er erzählte mir, dass er hauptsächlich wegen der vielen interessanten Menschen den Weg lief und er auch jedem medizinisch helfen könnte. Er hatte traditionelle chinesische Medizin studiert und praktizierte dies seit Jahren und zeigte mir gleich seine Akkupunkturnadeln. Ich sagte ihm sofort, dass es mir so gut wie schon lange nicht mehr auf diesem Weg ergangen war und ich mich nicht nadeln lassen wollte.

Nachdem ich mit Xaverius und Ronja zu Abend gegessen hatte, holte ich für uns Schmerzensbier. Ich selbst hatte keine Schmerzen, aber ich dachte mir Xaverius konnte es gut gebrauchen. Er erzählte mir dann schließlich, dass der Arzt ihn aus dem Rennen genommen hatte, da er sich einen Nerv unter dem Wadenbeinknochen eingeklemmt hatte. Dies könnte zu Komplikationen führen und auf das Nervensystem beim Weiterlaufen übergreifen. Ich war geschockt und mir schossen sofort die Tränen in die Augen und auch Xaverius Augen wurden wässrig. Ich konnte und wollte einfach nicht verstehen was ich da gerade gehört hatte und ging zum Zwecke der Realitätsverweigerung mehr zum Trinken für uns holen.

Xaverius beruhigte mich und sich in seiner typischen ruhigen Art und sagte mir, dass er aber sein Ziel bereits schon erreicht hatte und angekommen sei. Er müsse nicht mehr bis Santiago laufen um sich über gewisse Sachen einig zu werden, denn er hatte die Lösungen gefunden und ich hatte ihm dabei unbewusst geholfen. Ich hatte ihm mit meinem verbalen Hinweis bei der Wegentscheidung auf die Seite des Herzens hingewiesen und dort hatte er etwas gefunden. Er bedankte sich bei mir und nannte mich »Heart Men of Camino« und lächelte dabei, in mir summte plötzlich der Song von U2 »I Still Haven't Found What I'm Looking For«, denn ich hatte zu diesem Zeitpunkt immer noch nicht das gefunden wonach ich suchte. Dies war mir klar geworden und ich freute mich sehr darüber, dass ein Seelenverwandter dies gefunden hatte. Gleichzeitig wusste auch ich, dass ich am Ende des Weges die passenden Antworten haben würde. Ich ging in den Schlafsaal der Herberge und holte aus meinem Rucksack den Text den mir Nadja vor Tagen beim Abschied schenkte und übergab diesen Xaverius, denn ich wusste von innen heraus dass der Zeitpunkt gekommen war, wo diese energiegeladenen Blätter den Besitzer wechseln mussten. Es entwickelte sich dann die Situation noch zu einem schönen Abend und zu uns gesellten sich noch Judy und Tanja.

Tanja war Physiotherapeutin in Düsseldorf und hatte kurz vorher einen Heiratsantrag von ihrem langjährigen Freund erhalten. Da sie bereits schon einmal verheiratet gewesen war und aus erster Ehe einen großen Sohn hatte, wollte sie sich das ganz genau auf dem Jakobsweg überlegen. Tanja war mir sehr sympathisch. Sie wirkte einerseits etwas mütterlich und andererseits als Frau sehr anziehend auf mich.

Judy war eine Weltenbummlerin. Sie war von Beziehungen mit Männern sehr enttäuscht und wollte auf dem Camino herausfinden ob ihr Job als Stationsärztin in einem Berliner Klinikum das war was sie wirklich wollte, und wenn, ob denn dieser Job mit einem Mann und einer Familie überhaupt vereinbar wäre. Sie meinte, wenn dies so wäre, dann müsste der Mann ihr sehr vieles abnehmen, da sie neben der Arbeit sich nicht um die Kinder und den Haushalt kümmern könnte. Dies würde höchstens funktionieren wenn sie nur halbtags arbeiten könnte. Aber mit diesem Anspruch würde sie ihren Job wahrscheinlich schneller los sein und sagte: »dies wäre eine ganz schöne Zwickmühle.«

Sonny gesellte sich dann noch zu uns, denn er hatte gehört das Xaverius krank war. Er wollte ihn gleich mit seinen Nadeln attackieren und er ließ es sich, in der Hoffnung den nächsten Tag weiterlaufen zu können, schließlich gefallen.

Nach der letzten Runde gingen wir dann alle geschlossen ins Bett. Ich schlief von den Strapazen des Tages und von dem vielen Bier ganz schnell ein.

Denkmal für einen verstorbenen polnischen Pilger

Das Kreuz vor Astorga

Bischofspalast in Astorga

Der Jäger mit seinen Hunden

Der Jakobsweg kurz vor El Ganso

Göttliches Getränk: Sidra

Mystic Natur

Cruz de Ferro

Manjarin

Sonnenuntergang El Acebo

Templerburg in Ponferada

Landschaft vor Villafranca del Bierzo

Herberge »Ave Fenix« in Villafranca del Bierco

Altertümliches Waschbrett auf Ave Fenix

Erfüllen sich Prophezeiungen?

31. August 2006 Villafranca del Bierzo – Vega de Valcare – Ruitelan – La Faba (25,0 km)

Die Nacht hatte ich super geschlafen. Dies war auch kein Wunder gewesen, da die Schnarcher einen Extraschlafraum auf Ave Fenix hatten. Die Sonne war noch nicht aufgegangen, doch ich war hellwach und voller Kraft für diesen Tag. In der Herberge gab es ein kleines Frühstück und Kaffee. Als ich dort so saß, gesellte sich Xaverius zu mir. Die Akupunktur von Sonny hatte natürlich nicht geholfen und somit keine Verbesserung für seinen Fuß gebracht. Es stand also fest, dass er hier aufhören musste.

Der Abschied fiel mir nicht leicht und ich versprach Xaverius, in Santiago für ihn ein Gebet zu sprechen. Als ich dann los ging, drückten wir uns noch einmal und versprachen in Kontakt zu bleiben.

Ich lief dann durch Villafranca und auf dem Markt holte ich Ronja ein. Sie war anscheinend kurz vor mir losgelaufen und so gingen wir zusammen weiter. An ihrem roten Rock hatte Ronja kleine Stoffbeutelchen hängen, welche mit Rosenblüten gefüllt waren. Sie schenkte mir eine Hand voll und ich ließ diese behutsam in meiner Tasche verschwinden, während wir uns einfach gut unterhielten.

Ronja erzählte mir von ihrem Freund. Sie lebt schon seit Jahren mit ihm zusammen und sie wollte ein wenig Zeit mehr für sich, da sie unbedingt mehr Freiraum, vor allem für ihr Examen, brauchte. Als sie ihrem Freund dies erklärt hatte, sah er das natürlich ein. Von diesem Zeitpunkt an bemühte er sich aber mehr um Ronja, da er wahrscheinlich Angst hatte, es könnte was im Busch sein und sie denkt unter Umständen darüber nach ihn zu verlassen. Dieses Verhalten aber nervte Ronja und hatte bewirkt, dass sie zur dieser Zeit wirklich darüber nachdachte, sich von ihm zu trennen.

Ich erklärte Ronja, dass man dies in der Psychologie das theoretische Konstrukt der selbstbestimmten Prophezeiung nennt. Bei diesem Theorem gehe es darum, dass wenn ein Mensch über das Verhalten eines anderen Menschen etwas bestimmtes denkt, dass dies sich dann in gewisser Form auch erfüllen kann. Das verhält sich dann zum Beispiel so, dass wenn ein Mensch ständig denkt sein Partner würde ihn betrügen und bald verlassen und durch dieses Denken er sich unbewusst seinen Gedanken folgend dem Partner gegenüber verhält. Der Partner spürt diese Veränderung und sieht dies vermutlich als Signal an, nicht mehr wie bisher geliebt zu werden. Dadurch wendet er sich unter Umständen ab und erfüllt auf kurz oder lang die unbegründeten Gedanken des anderen, in dem er tatsächlich fremd geht und sich dann in der Folge vermutlich auch von seinem bisherigem Partner trennen würde. Ich sagte Ronja auch, dass der Mensch eine hohe Verantwortung für seine Gedanken über das Verhalten von anderen Menschen trägt und meist selber dafür verantwortlich ist, wenn sich seine Prophezeiung in

Anderen erfüllt. Ronja fand diese Erklärung Klasse und sah auf einmal ihre Beziehung nicht mehr so in Frage gestellt. Sie nahm sich gleich vor, ihre Beziehung dann zu Hause anders bzw. neu anzugehen.

Wir gelangten dann schließlich nach Pereje und dort machten wir ein zweites Frühstück. Hier stellte Tomatenbrot, sogar vorher schön getoastet, überhaupt gar kein Problem dar und die Bestellung nahm der Kellner anstandslos entgegen. Als er uns nach dem Frühstück noch einen Weinschnaps hinstellte, dachte ich, dass je näher man zu Santiago kommt, sich umso mehr Wünsche erfüllen und Wunder geschehen.

Wir brachen dann gleich wieder auf und nach einigen Metern kam uns ein Mädchen mit Augen voller Tränen entgegen gelaufen. Ronja kannte das Mädchen offensichtlich, denn sie nahm sie sofort in ihre Arme. Es war eine holländische Pilgerin, welche plötzlich überall am Körper Ausschlag bekommen hatte, so dass sie von Ronja zurück zum Arzt begleitet werden musste. So ging ich allein weiter und hoffte Ronja noch mal wieder zusehen, da ich zu ihr auch eine kleine Seelenverwandtschaft, so ähnlich wie zu Xaverius, empfand.

Als ich dann ganz allein ein paar Minuten weiter gelaufen war, saß in einem Waldstück ein durchgedrehter Typ, der immer wieder auf Englisch rief: »Hitler, Stalin, Mussolini and Bush – Murder and Criminals!«. Ich ging schnell vorbei, denn ich hatte Angst, dass ich gleich von dem Verrückten verkannt und gekillt werde konnte und dachte darüber nach, wie verrückt der eigentlich wirklich war?

Ich wurde dann etwas traurig. Irgendwie konnte ich nicht so richtig mit den vielen Abschieden auf dem Camino umgehen. Erst Xaverius und gerade eben Ronja. Als dann am Wegesrand mitten im Nichts eine Bar mit schöner Sonnenterasse auftauchte, setzte ich mich einfach dorthin. Meine Trauer wurde dann etwas stärker und ich hatte wieder einmal das Gefühl, dass mich gleich wieder der Heulemann besuchen würde. Doch dieser kam nicht gleich, aber dafür kam Anita angelaufen. Sie sah mir gleich an, dass mit mir etwas nicht stimmte und dass ich sehr traurig war. Sie holte Tropfen aus ihrem Rucksack, hob mein T-Shirt an und massierte mir diese Tropfen genau auf mein Sonnengeflecht über meinem Brustbein auf die nackte Haut ein und ich fing dabei an sofort zu weinen. Ich heulte über die Abschiede vor Trauer und vor Glück, dass einfach ein Mensch anhielt und sich um mich kümmerte. Ich dachte in diesem Moment, dass dieser Weg manchmal so verdammt hart war und einem einfach alles nimmt, um dann plötzlich alles was er nahm, doppelt und dreifach zurückzugeben.

Wir blieben dann einfach eine Stunde gemeinsam an der Bar sitzen, denn die Sonne schien nur so schön für uns zu scheinen. Dann gingen wir gemeinsam weiter und schwiegen und doch hatte ich das Gefühl, dass wir uns verstanden. Am Ortseingang von Ruitelan machten wir noch gemeinsam eine Rast und teilten uns unseren letzten Proviant.

Anita ging dann weiter und ich wollte gleich hier bleiben, denn dieser Ort war mein erklärtes Tagesziel. Anita drückte mich und gab mir einen kleinen Brief auf spanisch, welchen ich erst später lesen sollte.

Als ich dann aufbrach, traf ich am Ortseingang vor einer Bar Ronja, die Holländerin und noch einen Spanier Namens Vittorio, welche dort gerade rasteten. Ich setze mich auf einen Kaffee zu Ihnen und sie erzählten mir, dass die Herberge hier schmutzig wäre und sie deshalb beschlossen hatten, die 6 km bergan noch bis La Faba zu gehen. Ich schloss mich ihrer Meinung an und freute mich nach dem Motto »Man sieht sich immer zweimal im Leben« die schöne Ronja wieder zu sehen. Vittorio und die kleine Holländerin gingen voraus, wir beiden gingen später hinterher und unterhielten uns weiter über unser Thema vom Morgen. Wir untermauerten das theoretische Konstrukt der selbstbestimmten Prophezeiung mit mehreren Beispielen aus unseren eigenen Erfahrungen. Unterwegs machten wir noch an einem Bach halt, da Ronja ihre heiß gelaufenen Füße kühlen wollte. Diese waren an diesem Tag bereits vollkommen durch getreten, da sie ja morgens einmal zurück gegangen war und nun noch zusätzlich nach La Faba aufstieg und somit bestimmt bereits schon 40 km in den Beinen hatte.

In La Faba steht eine der schönsten Herbergen des Jakobsweges direkt auf einem Berg neben einer wunderschönen Kirche. Hier waren viele meiner Mitpilger, wie Sonny, Anita, Judy, Tanja und

Ronja und ich zu Gast. Die Herberge wurde von der deutschen Jakobusgesellschaft »Utreia« angelegt und die Herbergsleitung wird durch deutsche Freiwillige von Frühjahr bis Herbst eines jeden Jahres gestellt.

Nach dem Sachenwaschen und duschen, setzte ich mich in die Sonne auf eine Bank vor der Kirche und schrieb mein Tagebuch. Als ich damit fertig war und die restlichen zwei Rosenblätter von Ronja in das Buch gelegt hatte, versuchte ich mit dem Wörterbuch Anitas Brief aus dem Spanischem zu übersetzen. Zum Glück gesellte sich dann Ronja, welche perfekt spanisch sprach, zu mir. Das Übersetzen war für mich unmöglich, denn dieser Text hatte nichts mit Kaffee kaufen, um die Rechnung zu bitten, Baguette mit Tomaten zu bestellen oder Sonstigem zu tun. Sie übersetzte mir den Text von Anita:

> »Zeit und Raum verlieren Wichtigkeit, wenn man magische Momente erfährt, authentische Momente, unsere Momente.
> Danke, dass du diese mit mir geteilt hast. Dich auf dem Camino zu treffen war ein Geschenk.
> Nichts ist zufällig. Wir müssen uns immer in einem Spiegel reflektieren lassen und sehen.
> Genieße den Camino. Wir sehen uns bald. Danke fürs Sein. Anita«

Aus meinem Herz liefen zwei kleine Tränen, welche über meine Wangen liefen.

Ich holte dann Wein von meinem letzten Geld, denn die Mädels wollten für uns alle kochen. Nach dem Essen, welches wunderbar schmeckte, setzten wir uns alle draußen auf die Treppen vor der Herberge und schwatzten miteinander. Ich unterhielt mich mit Judy, der Ärztin aus Berlin, über das Leben und die zwischenmenschlichen Beziehungen.

Mit dem Vorsatz nicht mehr zu rauchen ging ich dann schließlich in mein Bett. Über mir schlief Anita und auf der anderen Seite schlief Sonny. Ich konnte nicht einschlafen. Es war heiß im Schlafraum und die Gedanken des Tages kreisten. Außerdem hatte ich Magenschmerzen und irgendwie hatte ich das Gefühl, dass wenn dieser Sonny anwesend war ich mich immer etwas schlechter fühlte. Vielleicht waren dies die Energien von diesem Menschen, welche ich noch nicht so richtig einordnen konnte und musste sofort an Raul denken, welcher mir erzählte, dass hier auf dem Camino auch viel Spuk herum liefe.

Sorgt das Leben für den Mensch?

1. September 2006 La Faba – O Cebreiro – Hospital de Condesa – Fonfira (17,0 km)

Gegen 07:00 Uhr ging das Licht an und auch ich stand sofort mit auf. Ich musste nur noch aufstehen, denn geschlafen hatte ich nicht und meine Magenschmerzen waren, wie die ganze Nacht, immer noch bei mir. Ich ließ mir Zeit, da es nur jeweils ein Bad mit Toilette für Frauen und Männer gab.

Nach einem kleinen süßen Frühstück verabschiedete sich Ronja von mir und ich hatte das Gefühl, dass ich sie nicht mehr wieder treffen würde, da sie es sichtlich eilig hatte und die nächsten Tage bestimmt Gas geben würde um in Santiago anzukommen. So bummelte ich mit Judy herum und wir brachen fast als Letzte auf. Als wir die Herberge verließen, waren meine Magenschmerzen sofort weg und ich dachte daran, was ich gestern Abend über die Symptome im Zusammenhang mit Energien gedacht hatte.

Mein Geld war alle und das Kleingeld reichte nicht einmal für Tabak. Da es in La Faba, wie schon 3 Dörfer vorher, keinen Geldautomat gegeben hatte, nahm ich die Herausforderung an, eben nicht zu rauchen. Auf dem Weg aus dem Dorf bat ich Judy um finanziellen Beistand bis zur nächsten Bank. Sie gewährte mir diesen, da ich ihr androhte in ihren Armen zu verhungern, zu verdursten und zu sterben. Ich dachte noch bei diesem Gespräch, dass das Leben doch für einen sorgt, denn vor Tagen hatte das Leben mir auch Toby in die Arme gesteuert, welcher mir Geld lieh. Jetzt war es Judy, welche mir zwar nichts lieh, sondern mich versorgte. Irgendwie sollte dies alles so sein. Ich hatte seit dem gestrigen Morgen krampfhaft Geld besorgen wollen, es nicht geschafft, aber das Leben schickte mir an diesem Tag die nötige Versorgung durch meine Mitpilgerin.

Wir gingen nun auf Schlängelwegen immer bergan und erreichten den Grenzstein von Galizien. Von hier aus konnte man bereits einen Blick in diesen schönen Landteil der iberischen Halbinsel werfen, in welchen wir eben in die Provinz Lugo hineingelaufen waren. Galizien ist für seine Natur, Traditionen und Mythen bekannt. Hier wird Dudelsack wie in Schottland gespielt, es gibt viele Trachten, das Land ist immer grün und die Menschen glauben an Hexen und Geister.

Da der Gedanke an Hexen uns in diesem Moment nicht gruselte, liefen wir auf die Passhöhe in den Ort »O Cebreiro« ein. Hier gab es das 2. Frühstück und dieses war, ich wunderte mich nicht mehr, ganz normal auch deftig erhältlich. Hier trafen wir auch die meisten unserer Mitpilger, die aber gerade bei unserem Eintreffen wieder aufbrachen. Wir waren wieder fast allein und dies sollte wahrscheinlich so sein.

Gleich auf den ersten Metern nach der Rast verliefen wir uns und standen an einem Waldstück, wo es keine Markierungen mehr gab. Plötzlich trat ein Art Zigeuner mit weißem Hemd und Anzugshose aus dem Wald und sagte uns wir sollen doch direkt hier den Trampelpfad in den Wald laufen. Mir war das nicht geheuer und ich überzeugte Judy, dies nicht zu tun. Ich weiß bis heute nicht, was uns da erspart geblieben ist, da ich auf meine innere Stimme (Gott?) gehört hatte.

Wir gingen dann ein Stück zurück und auf der Straße wies uns ein Autofahrer, welchen wir anhielten, den richtigen Weg.

So lief ich dann mit Judy die nächsten 2 Stunden durch die fantastische Landschaft über Bergpässe und Täler. Dabei erzählte sie mir, dass sie von den Männern die Schnauze voll hatte, denn nie war der Richtige dabei und sie suchte schon lange einen richtigen Mann für sich. Sie hatte zwar kürzlich erst einen Italienischlehrer kennen gelernt, der aber jetzt auch noch nach Italien ging, um dort den Menschen Deutsch zu lehren. Judy schwärmte sehr von ihm. Dieser wäre genau der Richtige, er wäre belesen, sehr schlau, poetisch, sehr feinfühlig und nicht so ein schwanzgesteuerter Macho wie die meisten Männer, welche sie in ihrem Leben bisher fand. Gleichzeitig beschwerte sie sich, dass ihr Lehrer, jetzt wo sie der Meinung war den Richtigen gefunden zu haben, sie auch gleich wieder, zumindest räumlich, verließ.

Ich hörte mir dies alles an und fragte Sie, ob sie denn immer gesucht hätte. Sie sagte ja, denn sie wollte sich schon den richtigen aussuchen und dies auch selbst steuern, wann, wer und wo. Ich sagte Judy, dass das Suchen meist der falsche Weg wäre und die richtigen Dinge meist von selbst auf einen zukommen. Meist wäre es sogar so, dass wenn man sucht, den falschen Weg läuft und das oder den trifft, was man gar nicht finden wollte. Auch ich hatte immer in meinem Leben gesucht und nicht das gefunden, wonach ich suchte. Bis ich in vielen

Dingen, in allen schaffe ich es bis heute nicht, aufgehört hatte zu suchen. Einfach aus dem Grund heraus, dass ich wenn ich nicht gesucht hatte, die Dinge auf mich zugekommen waren. Meist waren dies dann die richtigen Dinge für mich, welche ich mir aus dem Inneren wünschte. Immer wenn ich losließ von Dingen, kamen diese in Bewegung und fanden mich. Somit könnte man sogar behaupten, dass das Leben für einen sorgt und einem das zuspielt, was man gerade im Leben braucht. Beispielhaft erzählte ich ihr noch meine Gedanken über das Besorgen von Geld auf dem Camino und das mir dies hier schon das zweite Mal passiert wäre, aber erst als ich aufgab zu suchen. Judy meinte, dass dieser Vergleich zwar etwas hinken würde, aber gab mir insgesamt dennoch recht und wir erreichten schließlich das kleine Dorf »Padornela«.

Hier ließen wir uns in einer Bar nieder und Judy, sozusagen das Leben, sorgte für mich. Wir aßen im Freien unter einem Sonnenschirm ein traumhaftes 3-Gänge-Menü und bleiben bis zum frühen Nachmittag dort sitzen. Im Anschluss liefen wir noch eine Stunde weiter in das etwas größere Dorf »Fonfira« und machten hier an einer kleinen Herberge Rast. Beim Kaffeetrinken entscheiden wir uns dann auch gleich in der schönen Herberge zu bleiben.

Beim Einchecken sah ich seit Wochen wieder einmal einen Fernseher. In die Glotze, welche lief und direkt über der Theke hing, wollte ich nicht hineinschauen, denn die hatte ich auch zu Hause, auch wenn ich da kaum hineinschaute. Aber ich sah mir den Beitrag dennoch an, da der Beitrag von den Waldbränden in der Gegend, in welcher ich mich befand, handelte. Der Beitrag zeigte auch einen Brand ca. 40 km entfernt, wo ich vor Tagen selbst noch durch den Wald gelaufen war. Ich war schockiert über das Gesehene und wand mich ab.

In der Herberge war auch Manja aus Polen mit ihrer Freundin und dem dazugehörigem Lover. Hier in der Unterkunft gab es sogar eine Waschmaschine mit Trockner, so dass Judy und ich alle Sachen, außer die wir auf dem Leib trugen, gleich einmal richtig reinigten. Während des Waschganges saßen wir im Freien und schwatzen mit der polnischen Pilgerfraktion, tranken heißen Kaffee und schrieben unsere Tagebücher. Ich rauchte nicht und außerdem war mir es zu blöd, mir dafür Geld borgen zu müssen. Als wir so saßen kam auch Anita und Sonny Hand in Hand vorbeigelaufen, grüßten freundlich mit »Buen Camino« und liefen gleich weiter. Ich dachte mir noch, so ist das Leben und die Frauen!

Nach dem wir unsere Sachen frisch gewaschen und getrocknet aus der Maschine genommen hatten verstauten wir diese wieder in unsere Rucksäcke. Dann mussten wir zum Essen in den unteren Teil des Dorfes laufen. Hier gab es einen kreisrunden und nach keltischer Art eingerichteten Saal zum Essen. Der Saal hatte eine riesige Holzdecke mit schweren Balken und man kam sich vor, als ob eben 400 Jahre zurückgedreht worden wären. Hier wurde unser Pilgermenü, mit Essen und Wein im Überfluss, für nur 8 Euro serviert.

Mit am Tische saßen zwei brasilianische Pilger, welche mir in Englisch erzählten, dass sie Paulo Coehlo selbst auf den Weg geschickt hatte. Das fand ich wiederrum sehr interessant, weil er mich ja schließlich auch inspiriert hatte diesen Weg zu gehen. Nach dem Essen, was einer Art Ritteressen gleich kam, hatte ich das Gefühl zu platzen, da ich 5 Stunden vorher ja bereits unterwegs mit Judy fürstlich getafelt hatte.

Nach noch einem Drink an der Bar mit den Brasilianern, Judy und den Herbergsleuten, verließen wir die keltische Hütte gen Herberge. Draußen war es stockdunkel und man sah weit entfernt einen großen roten Schein über den Bergen von wo aus wir an diesem Tag gekommen waren. Es war aber nicht der Rest des Sonnenuntergangs, sondern wie mir die Herbergsleute erzählten, der Waldbrand, welcher den Himmel über den Bergen rot flackernd bestrahlte.

Mit dem Bild der brennenden Welt im Kopf ging ich ins Bett und dachte, ich kann deswegen nicht schlafen. Aber ich vergaß meinen Weltenschmerz und schlief von den Strapazen des Tages und dem Alkohol, sowie von dem guten Essen des wunderschönen Abends, sofort ein.

Können wir Menschen selbst entscheiden?

2. September 2006 Fonfira – Triacastela – Calvor – Sarria (29,0 km)

Wir hatten alle wunderbar geschlafen und waren mit der Sonne aufgestanden. Nach einen deftigen Frühstück in der Bar der Herberge gingen wir los. Die polnischen Pilger folgten uns und kurz vor dem Ortausgang von Fonfira stand ein altes Mütterchen an einem Bauernhof und verteilte uns frisch gebackene Plinsen. Die schmeckten sehr lecker und wir bedankten uns bei der Frau, weil wir diese als ein Geschenk ansahen. Doch wir hatten uns getäuscht, denn die Plinsenverkäuferin verlangte nach dem Verzehr plötzlich 1 Euro pro Stück. Zum Glück hatte ich, da ich ja morgens nicht so für das Süße war, nur einen gegessen und gab der Frau aus meinem Portemonnaie mein letztes Geld. Es waren genau 95 Cent und ich hatte das erste Mal in meinem Leben, seit dem ich Geld brauchte und benutzte, überhaupt keins mehr einstecken. Ich dachte kurz darüber nach und ich wusste, da ich nun blitze blank war, dass das Leben sich jetzt ausgleichen würde und ich heute mitten in der Einöde irgendwo einen Geldautomaten finden würde.

Ich lief dann mit Judy weiter und wir schimpften noch mal über den Plinsenverkauf und das ja die Frau ihr Angebot ehrlicher Weiße gleich mit einem Preis hätte versehen können. Aber ihre Verkaufstaktik richtete sich wahrscheinlich an den guten Seelen der Pilger aus, welche nach dem Verzehr nicht mehr »nein« sagen konnten. Judy meinte, dass wir ja jeder Zeit, auch nach dem Verzehr der Plinsen »Nein- Sagen« hätten können und das überhaupt die Entscheidung in vielen Dingen bei den Menschen jeweils selbst liegt. Ausgenommen sind natürlich Dinge, wie Liebe, Krankheit, Tod, Erdbeben, Müdigkeit etc., welche wir nicht unmittelbar beeinflussen können und das hierin auch schon eine Wahl und somit eine Entscheidung liege. Die Unterscheidung zwischen entscheidbaren und unentscheidbaren Dingen durch den Menschen.

Sie fragte mich was mich denn hindern würde meinen Job zu kündigen, ohne einen verlockenden neuen in Aussicht zu haben und warum ich es ertrage meine Arbeit, trotz Lustlosigkeit daran, weiterhin zu tun. Ich sagte, dies käme hauptsächlich von meiner Bequemlichkeit und der Abhängigkeit durch das Geld, welches ich ja zum Leben täglich benötige und somit bliebe ich bisher einfach in der Komfortzone, bis sich was ergäbe. Judy meinte, dass dies fast alle Menschen so machen, denn sie sind nicht bereit ihren geschützten Bereich zu verlassen und die Konsequenzen ihrer Wahl in Kauf zu nehmen.

Jede Entscheidung hat einen Preis. Wenn ich zum Beispiel den Job kündige, sind meine Einnahmen bedroht und somit müsse ich die Komfortzone verlassen, um mich neu zu orientieren. Dieser Prozess geht zwar mit den daraus resultierenden Ängsten Hand in Hand, aber er macht frei. Denn Freiheit ist auch Wahlfreiheit, denn mit diesem freien Handeln führt man ein selbst bestimmtes Leben und fühlt sich dabei wesentlich wohler als in der Abhängigkeit von anderen, welche für einen täglich entscheiden. Ich sagte, dass aber viele Dinge, mal abgesehen von den vorher aufgezählten nicht entscheidbaren Dingen, doch auch so nicht beeinflussbar sind wie z. Bsp. der Staat, die Politik, die Steuern usw. Doch, meinte Judy, du kannst wählen, wenn du bereit bist die Konsequenzen zu tragen. Du könntest auswandern mit dem Preis der Fremde und des vollkommenen Neuanfang in einem anderen Land. Du könntest dich aber auch gegen den Staat und die Politik auflehnen, mit dem Preis zum Märtyrer zu werden. Du könntest dich aber auch politisch engagieren und versuchen die Zustände zu ändern, aber deine Bequemlichkeit und deine Resignation bezüglich der Umstände, hält dich davon ab und der Preis wäre genau das zu überwinden. Es ist nichts anderes wie mit den Plinsen, du warst nur nicht bereit den Preis zu zahlen, wenn du »Nein« zur Bezahlung nach dem Verzehr gesagt hättest. Die Frau hätte dich wahrscheinlich in Spanisch wüst beschimpft, den Hund auf dich gehetzt oder sonstiges. Da du aber keinen Ärger wolltest, hast du dein letztes Geld gegeben, obwohl du es als ungerecht und falsch empfandest.

Aber das aller Schlimmste, sagte Judy, wäre die Unentschlossenheit, das Warten. Verrückter Weise ist dies auch eine Entscheidung, die Entscheidung nichts zu tun, unentschlossen zu bleiben und zu zulassen, dass andere für dich entscheiden, wie bei einer Fahne im Wind.

Damit hatte Judy mich endgültig überzeugt, denn wir Menschen können vieles entscheiden, wenn wir nur bereit sind den Preis dafür zu zahlen. Ich beschloss sofort nie wieder unentschlossen zu sein, wenn meine stärkste Waffe, die Stimme meines Herzens mir zuruft etwas in meinem Leben zu ändern. Denn diese Stimme ist die Stimme die uns Menschen trägt und uns den richtigen Weg für uns weist.

Wir hatten nun so viel geschwatzt und waren bereits in Tricastela angekommen. Eine kleine Stadt und kein Dorf mehr, und hier gab es endlich Money. Ein Geldautomat direkt an der Straße, auf welcher der Camino durch die Stadt führte. Ich hob gleich 150 Euro ab und gab Judy davon 40, dies waren in etwa die Auslagen für mich in den letzten 1 ½ Tagen. Dann verstaute ich gleich einen großen Geldschein in meinem Rucksack als Reserve, so dass ich nicht noch einmal in die Lage der Mittellosigkeit kommen konnte. So schön wie es mit Judy war, so sehr fühlte ich mich durch das Geld auch etwas abhängig von ihr. Durch die Entscheidung zur Geldreserve, machte ich mich frei, da ich mich entschieden hatte unabhängig bleiben zu wollen.

Judy wollte dann auch ein Stück allein weiter gehen und wir verabredeten uns in Sarria als Tagesziel. Ich setzte mich in ein Cafe am Straßenrand und ließ die Seele baumeln. Zu mir gesellte sich dann

Frank aus München. Frank war mit dem Zug an den Bodensee gefahren und war von dort aus nur mit 50 Euro losgepilgert. Er pilgerte in der alten Tradition vollkommen mittellos und war somit von den Gaben anderen abhängig. Hier an unserem Treffpunkt, 2500 km von München entfernt, hatte er die 50 Euro immer noch dabei. Er sagte, dass die Menschen, vor allem auf Bauernhöfen und in Kirchen, ihn gern versorgt hätten und ihn auch übernachten ließen und dass er auch ohne Hunger bis hierher gekommen war.

Komisch dachte ich, vor ein paar Minuten hatte ich noch über Abhängigkeit nachgedacht und hier traf ich einen, der sich komplett der Gunst anderen Menschen ausgeliefert hatte. Der blanke Gegensatz, aber wie ich ja bereits auf dem Weg lernte, sieht jeder seine eigene Welt und somit ist Toleranz eine der höchsten Tugenden im Leben. Wir schwatzten noch über dies und das und ich brach schließlich allein auf.

Beim Weiterlaufen beschloss ich über meine Erlebnisse und Reflektionen ein Buch zu schreiben. Ich fand die Welt hätte ein Recht darauf dieses Wunder des Camino de Santiago näher kennen zu lernen, und um sich davon inspirieren zu lassen, sich selbst einmal auf die Socken zu machen und wie ich, einmal zum eigenen Herzen hin und zurück gehen zu können.

In Sarria endlich bei der glühenden Hitze angekommen checkte ich mich in die Herberge ein, wusch meine Sachen und ging anschließend in ein

Cafe um die Ecke. Hier saßen auch die zwei Brasilianer, aber leider war ihr Tisch schon komplett besetzt. Es dauerte nicht lang, da kamen Tanja und Maike angelaufen. Tanja kannte ich bereits, aber Maike hatte ich immer nur von weitem gesehen. Maike war 63 und war durch ihr Altersteilzeitmodell schon in der bezahlten Freistellungszeit, und da sie auf den letzten Abschnitt ihres Lebens zu ging, wollte sie das bisher Erlebte auf dem Camino Revue passieren lassen. Die zwei setzten sich zu mir auf einen Kaffee und wir verabredeten uns zum Abendessen für später. Ich wollte hier auf sie warten, während sie sich in der Herberge einrichteten.

Als sie dann endlich kamen, hatte ich mein Tagebuch bereits geschrieben und es mir gut gehen lassen. Maike kam allein und brachte Harald mit. Harald war knapp 50 und befand sich meiner Meinung nach in der Krise. Er hatte eine Beratungsfirma, die Ehe war schief gelaufen und er hatte eine Geliebte. Er lachte immer ganz laut, so ähnlich wie Otto Walkes im Fernsehen und es kam mir so vor, als ob er auf einer manischen Hochebene lebte. Es wirkte alles so übertrieben und fast schmerzlich komisch.

Wir gingen dann zusammen in den Stadtkern und trafen dann noch Judy mit Manja, eines der polnischen Mädels, und gingen zusammen essen. Wir tafelten mitten in Spanien beim Spanier Tapas und tranken dazu kaltes Warsteiner, es war ein Genuss. Nach dem Essen ging ich mit Maike zu unserer Herberge zurück, die anderen in ihre Herbergen, von denen es drei in Sarria gab. Ich machte mir mit Maike noch aus, dass sie mich um 06:00 Uhr mit wecken sollte. Wir wollten, da es am nächsten Tag wieder so heiß werden sollte, gemeinsam noch vor Sonnenaufgang losgehen.

Ich ging in mein Bett und versuchte zu schlafen. Aber das war hier wieder einmal unmöglich, denn neben mir schlief ein Typ welcher schnarchte und stank, als ob er sich seit Tagen nicht gewaschen hatte. Er schlief sogar mit seinen ganzen Sachen und mit den Schuhen und immer wenn der sich im Bett drehte, schwappte eine Wolke seines süßsauren Körperduftes zu mir herüber.

Ich holte mir aus meiner Waschtasche China-Öl, nahm einen Schluck und rieb es mir unter die Nase, denn mir war mittlerweile kotz übel von dem Gestank geworden. Doch die Wirkung des Öls ließ schnell nach und ich riss beide Fensterflügel weit auf, was jedoch die Helligkeit der Straßenlaterne auf mein oberes Bett warf. So konnte ich zwar wegen dem Licht nicht mehr schlafen, aber der drohende Brechreiz war gebannt worden und ich musste nicht mehr im Mief meines Nachbarn ersticken. Ich lag die ganze Nach, trotz 29 km Tagesmarsch, hellwach.

Was ist gesellschaftliches Überbewusstsein?

03. September 2006 Sarria – Barbadelo – Ferreiros – Portmarin – Gonzar – Hospital da Cruz – Ventos de Naron (37,0 km)

Endlich war ich erlöst worden von dieser schlaflosen Nacht, denn Maike hatte mich endlich geweckt bzw. an den Aufbruch erinnert, da ich ja nicht schlief. Wir hatten dann schnell unsere Sachen gepackt und saßen bereits viertel nach sechs in dem kleinen Cafe an der Ecke. Hier gab es wider Erwarten süßes Frühstück, aber das war mir egal, da ich vollkommen durch den Wind war. Ich hatte ja nun überhaupt nicht geschlafen und heute wollte ich doch schon ein Stück weiter kommen.

Gegen 06:45 Uhr lief ich mit Maike und Tanja, welche sich auch zu uns gesellte, dann endlich los. Es war noch vollkommen dunkel, aber die Stadt war ja beleuchtet, so dass es bis zum Ortsausgang kein Problem gab den Weg zu finden. Am Ende von Sarria ging es dann noch an der Kirche und am Friedhof vorbei und dann standen wir plötzlich im dunklen Wald. Wir hatte leider nur zwei kleine Taschenlampen, welche zur Not für das Rucksackpacken im Dunkeln in der Herberge gedacht waren, aber zu mehr auch nicht. Mit den zwei kleinen Lichtstrahlen kämpften wir uns durch die Dunkelheit. Jedes Geräusch und jedes Knacken schreckte uns drei auf, denn wir konnten ja nicht einmal die Hand vor den

Augen sehen. So richtig wohl war uns allen drei nicht zu Mute, denn hier gab es ja vielleicht wirklich die sagenumwobenen Hexen, Gespenster oder Wölfe. Unsere Angst war nicht ganz so unbegründet, denn Schauergeschichten hatten wir bereits genug auf dem Jakobsweg gehört.

Nach einer dreiviertel Stunde kamen wir endlich aus dem finsteren Wald und mit uns ging die Sonne langsam auf. Dies geschah zu unserem Glück, da nun mittlerweile nur noch Maikes Lampe leicht brannte und die von Tanja bereits den Geist aufgegeben hatte.

Wir verabredeten uns für Portmarin, denn dies sollte die Tagesetappe sein. Dann ging jeder für sich seinen Weg weiter.

Ich genoss die Landschaft und die immer stärker werdende Sonne, welche die Bäume und Felder in immer neuem Licht erschuf. Galizien ist zu jeder Tageszeit wunderschön und ich hatte das Gefühl durch eine Traum- und Märchenlandschaft zu gehen. Beglückend war außerdem, dass ich an der 100 km – Marke vorbei ging. Ab 150 km Entfernung bis Santiago steht aller 500 m ein Stein mit den restlichen Wegkilometern und ich war gerade an dem Stein mit der Zahl »100« vorbeigegangen. Ich freute mich und bekam einen riesigen Motivationsschub.

In Barbadelo an einer Bar machte ich noch einmal richtig Frühstück. Kurz nach mir kam dort auch Maike, Tanja und Harald an, welche sich zu mir gesellten. Wir aßen gemeinsam und so nach und nach kamen alle anderen bekannten Gesichter entweder an uns vorbei gelaufen oder kehrten hier auch ein. Dabei waren auch die beiden Kroaten mit der Schubkarre, das brasilianische Team, die polnische Fraktion und viele andere, welche ich zwar öfters auf meinem Weg sah, aber nie wirklich kennen lernte.

Nach der Pause lief ich dann mit Harald los. Er erzählte mir, dass er den Plan hat sich auf psychischer Basis verrenten zu lassen und machte mir vor, welche Tricks er dafür benutze um sich bei den vielen Untersuchungen blöd zu stellen. Dies war zum Einen zwar ziemlich lustig, aber zum Anderen auch sehr Kraft raubend mit diesem Menschen zusammen zu sein. Mit dem Eindruck, dass er vollkommen durchgeknallt war, verabschiedete ich mich entnervt und zog es vor meinen Weg allein weiter zu gehen. Ich hoffte, dass er mir nicht mehr über den Weg liefe und ordnete ihn in die Kategorie Energieräuber ein.

Ich lief dann 18 km am Stück und hielt nur zum Trinken an. So kam ich dann schließlich in Portmarin an. Aber ehe ich die Stadt erreichen konnte, musste ich über eine 800 Meter lange Brücke laufen, welche den Stausee ca. 100 Meter unter mir überspannte. Das Problem an der Brücke war, dass es für Fußgänger nur ein schmaler Weg am Rande der Fahrbahn von einem Meter Breite gab und dieser war mit einem nur Hüfthohen Geländer gegen das herunterfallen abgesichert. Mir war schlecht und schwindlig, obwohl ich bis zu diesem Zeitpunkt nie in meinem Leben mit Höhenangst kämpfen musste. Ich war danach auch heil froh, teils im Galopp, diese Brücke überwunden zu haben.

Als ich dann endlich in Portmarin war, suchte ich mir ein Lebensmittelgeschäft um mir Essen zu besorgen. Kurz vorher traf ich noch Maike, welche kurz nach mir angekommen war, und wir gingen zusammen einkaufen. In der Stadt war wieder einmal Fiesta und es knallte und krachte an allen Ecken und ich beschloss, trotz einer bereits gelaufenen Wegstrecke von knapp 25 km weiter zu laufen, um der Party einmal entgehen zu können. Maike war der gleichen Meinung, aber wir wollten erst einmal richtig Pause machen. Wir setzten uns in den Stadtpark und machten ein großes Picknick mit unseren gekauften Sachen. Beim Essen unterhielten wir uns über das Überbewusstsein und Maike konnte mir, als studierte und erfahrene Psychologin, interessante Dinge darüber berichten.

Sie erzählte mir, dass das Denken unter der Verantwortung der Menschen selbst liegt, da das Denken und die damit verbundene Energie die Welt und das gesamte Bewusstsein der Menschheit verändern kann. Es käme dabei immer nur darauf an, dass viele Personen das Gleiche denken und ab einer bestimmten Menge, welche wissenschaftlich nie genau bestimmt worden war, überträgt sich die gleiche Denkweise auf alle Menschen. Man hätte zum Gewinn dieser Erkenntnis einen Versuch mit Affen gemacht, welchen man zeigte die Früchte vor dem Essen zu waschen. Dies geschah auf einer

Insel abgetrennt von der restlichen Welt. In kürzester Zeit wuschen durch Nachahmung alle Affen auf der Insel die Nahrung vor dem Essen ab. Trotz dass die Insel ein in sich geschlossenes System darstellte, begannen andere Affen auf der Welt, ohne dies wissen bzw. nachahmen zu können, die Früchte vor dem Essen zu waschen.

Maike erzählte mir, dass dieses gesellschaftliche Überbewusstsein eine feine Sache ist, wenn es denn im positiven Sinne wirkt. Aber es hat den Nachteil, dass es doch stark manipulierbar ist. Sie erklärte mir, dass wenn zum Beispiel jeden Tag in der Zeitung stände, das es vermehrt Gewalt auf der Straße gibt, so wird in den Menschen, welche dies jeden Tag lesen, die Angst geformt, dass die Straße ein gefährlicher Ort ist. Umso mehr Personen dies lesen, weitererzählen und in ihr Bewusstsein aufnehmen, umso schneller wird eine Menge erreicht, welche dann irgendwann ausreicht, dass auch andere Menschen, welche diese Information nicht haben, auch eine unbestimmte Angst, je nach Sensibilität der Person, verspüren auf die Straße zu gehen. Maike sagte zum Abschluss, dass das Schöne sei, dass immer mehr Menschen auf der Welt mit Hilfe dieses Mechanismus die Welt verbessern wollten, auch wenn dies noch viele Jahre dauern könnte. Wir befänden uns bereits in einer Umbruch- und Umdenkphase der gesamten Menschheit. Ein kleiner Beweis dafür wäre allein die Zunahme der Pilgerzahlen und somit der Sinnsucher nach Santiago de Compostela, denn diese hatten sich in den letzten Jahren verdreifacht.

Nach der ausgiebigen Pause liefen wir beide dann bis zum Ortsausgang. Hier liefen wir über einen Zufluss des Stausees. Eine 15 Meter hohe kleinere Stahlhängebrücke, welche beim darüber laufen schwankte, war dabei unser nächstes Hindernis. Als wir dann wieder auf dem Camino im Wald waren, trennten wir uns und liefen allein weiter. In Castromaior machte ich in einer Bar Rast und es dauerte nicht lang, da kamen auch meine zwei Mädels Tanja und Maike angelaufen. Wir waren alle so ziemlich fertig, denn die vielen Kilometer und die Hitze hatten uns doch stark zugesetzt und als der Wirt uns erzählte, dass es hier keine Herberge mehr gäbe, gab uns dies den Rest. So mussten wir weiterlaufen und erreichten schließlich Hospital da Cruz und auch hier sah es nicht viel besser aus. Die Herberge am Ortseingang war vollkommen überfüllt und wir liefen weiter. Aber zum Schluss hatten wir doch noch Glück und wir kamen nach dem Ort im Ortsteil Ventos de Naron in einer kleinen Herberge unter.

Die Herberge bestand aus Baucontainern und es gab eine kleine Bar, welche ebenfalls in einer Art Wohncontainer untergebracht war. Wir dachten darüber nicht weiter nach, wuschen unsere Sachen, duschten uns und setzten uns zu Tisch. Nach einem langen Tag und einem abschließenden guten Essen gingen wir gegen halb zehn alle ins Bett. Wir waren zu sechst in dem einzigen 20-Betten-Raum, welche vollkommen unterbelegt war. Ich schlief schnell ein und ich denke meine zwei Mädels auch.

Was ist ein Geschenk an einen wirklichen Freund?

04. September 2006 Ventos de Naron – Airexe – Palas de Rein – Casanova (19,5 km)

Wir drei hatten gut geschlafen und mit dem Morgengrauen standen wir auf. Nach der morgendlichen Routine gab es Frühstück in der an der Herberge angeschlossenen Bar. Die Leute waren hier sehr unfreundlich und wir fühlten uns nicht so wohl, wie es in den meisten Herbergen vorher gewesen war. Überhaupt hatte die Herzlichkeit der hier wohnenden Menschen auf den letzten Kilometern des Jakobsweges doch sehr nachgelassen. Dies lag sicher an der Menge der Pilger, welche vor allem die letzten 150 km seit Sarria den Jakobsweg beschritten hatten. Auf diesem letzten Stück des Camino ist dieser fast nur noch Kommerz und dies liegt vor allem daran, dass die jungen Spanier, welche wir seit Sarria nur noch trafen, die Pilgerurkunde für ihre beruflichen Bewerbungsunterlagen unbedingt benötigen.

Die spanischen Arbeitgeber in einem streng katholischem Land legen großen Wert darauf, dass ihre zukünftigen Mitarbeiter einmal diesen Weg gegangen sind und da es die Urkunde erst ab 150 km zu Fuß, zu Pferd ab 200 km und per Rad ab 300 km gibt, nimmt die Bevölkerung des Weges hauptsächlich ab Sarria enorm zu. Somit kommen die Anwohner aus dem Grüßen und herzlich sein überhaupt nicht mehr raus. Da dies vielen mittlerweile über ist, lässt sich die Unfreundlichkeit, obwohl viele nur von den Pilgern leben, ansatzweise erklären.

Nach einem horrend teurem Frühstück verließen wir die Abzockerherberge in Ventos de Naron, welche sich am Ortsausgang auf der linken Seite wahrscheinlich immer noch befindet. Wir liefen diesen Morgen zwar nicht in die gänzliche Dunkelheit wie am Tag zuvor, aber wir liefen im Nebel und konnten kaum 20 Meter sehen. Es war auch etwas unheimlich, da plötzlich mal ein Dorf oder ein einsames Haus auftauchte, uns plötzlich jemand begegnete oder überholte und von nah und fern das Geheul der Hunde oder vielleicht auch der Wölfe mal mehr oder weniger zu uns herüber drang.

So gingen wir durch den Nebel und unterhielten uns über das Verlangen nach körperlicher Liebe. Ich erzählte, dass ich doch einen starken Drang nach Sex hatte und dass mir dies von meinen Vorfahren in die Wiege gelegt wurden war, denn die waren alle sehr kinderreich. Tanja sagte, dass sie gern Liebe machte, aber der seelischen Verbindung den Vorrang gewährte. Maike äußerte sich nicht zu ihren eigenen Gelüsten, aber erzählte uns von einer Freundin von ihr, welche immer ganz viel Lust hätte. Die Freundin war Cellospielerin und dadurch bedingt wäre ihr Unterleib immer in Schwingungen, sozusagen als der Resonanzraum des Instrumentes.

Wenn sie kein Cello spielte, kompensiere sie das stark fehlende Vibrieren und Brummen eben gerne mit Sex. Ich fragte Maike natürlich gleich, ob das bei allen Cellistinnen so wäre. Dies konnte sie mir aber leider nicht beantworten und so beschloss ich, wenn ich einer solchen Musikerin einmal begegnen und uns der Augenblick der Liebe erfassen würde, dies niemals auszuschlagen.

Wir unterhielten uns dann über die Sternzeichen und welche ausschlaggebenden Faktoren diese für die Liebe wohl hätten. Dabei kamen wir zur Übereinstimmung, dass doch einiges davon wahr sein müsste, zumindest die Klassifizierung der Grundcharaktereigenschaften der verschieden Tierkreiszeichen. Aber das Hauptproblem bei dem Umgang mit diesen Kriterien wäre die selbst bestimmte Prophezeiung, da man von den Grundzügen des jeweiligen Zeichens ausgehen und dann genau so über diesen Menschen denken würde. Dies erfüllte sich dann meist. Tanja meinte, dass es vielleicht besser wäre das Sternzeichen bis zu einem Jahr vom Partner nicht wissen zu wollen um nur auf das Herz zu hören. Wenn die seelische und körperliche Verbindung stimmen würde, wären die Fakten der Sternzeichen, welche sich dann meist im Anschluss widerlegen würden, vollkommen irrelevant.

Um 11:00 Uhr hatte sich nun endlich die Sonne durchgekämpft und wir machten in einer Bar an einer Herberge Rast. Diese Herberge gehörte einem Holländer und als wir in diese eintraten, hatte wir das Gefühl an einem heiligem Ort zu sein. Die Einrichtung und vor allem die Musik gab einem das Gefühl von absolutem Frieden und Geborgenheit. Bei der Bestellung erkundigte ich mich gleich beim Herbergsvater nach der Musik. Es handelte sich um »Lecons de Tenebres« von Marc-Antoine Charpentier aus dem 17. Jahrhundert. Dies schrieb ich gleich in mein Tagebuch, um mir die CD später zu Hause zu besorgen.

Nach dem Frühstück beim Bezahlen fiel Maike ein kleiner Zettel aus der Geldbörse und ich hob ihn für sie auf. Auf dem Zettel waren Ronja's Name und ihre Telefonnummer aufgeschrieben. Ich hatte die letzten Tage immer mal an sie gedacht, wie es ihr wohl gehen würde und wo sie gerade wäre und sah diesen Zettel als eine Art Zeichen an. Ich fragte Maike ob ich mir die Nummer abschreiben dürfte, was ich dann auch tat. Nach dem Aufbruch unterhielt ich mich mit Maike über Ronja, welche wir beide an von einander unterschiedlichen Orten und Zeiten kennen gelernt hatten. Dann gingen wir alle allein in Sehabstand bis zu unserem Tagesziel weiter.

An einem Brunnen, wo ich mein Wasser nachfüllte, schwamm im Becken im Trinkwasser ein so großer Frosch, wie ich ihn noch nie in meinem Leben vorher gesehen hatte. Ich zeigte ihn Tanja, welche gerade nach mir an der Tränke ankam. Sie lachte und sagte, na los küss ihn, denn der Frosch wäre bestimmt eine verwunschene Cellistin. Ich musste nun auch laut lachen, weil Tanja meine

Gedanken des am Vormittag geführten Gespräches genau erkannt hatte.

In Casanova und somit in unserer Herberge kamen wir gegen 14:00 Uhr an. Es machte an diesem Tag auch mittlerweile keinen Spaß mehr zu laufen, weil die Hitze und vor allem die aufsteigende Feuchtigkeit des Morgennebels stark auf das Gemüt drückte und uns demotivierte. Also checkten wir uns, mit dem Vorsatz den Rest des Tages vollkommen zu relaxen, in der ländlichen Herberge mit dem Charakter eines Bauernhofes ein. Hier waren auch die Leute wieder freundlich und wir fühlten uns sofort wohl.

Nach den alltäglichen Ankommensritualen über das Waschen und Sachen pflegen, schrieb ich mit Tanja auf einer Bank im Schatten der Herberge die Tageserlebnisse auf. Tanja gefiel mein Füllfederhalter, welchen ich extra mit auf den Camino genommen hatte und ich ließ sie ein paar Zeilen damit in ihr Tagebuch schreiben.

Nach der Niederschrift legte ich mich anschließend mit einem kühlen Blonden in eine Hängematte. Dies passte genau zu meinen Wünschen an Entspannung und so blieb ich einfach stundenlang bis zum Abendessen in der Hängematte liegen. Ich konnte dabei gut beobachten wer alles so kam und ging.

Es kam auch »El Bocko« an. Das war ein vielleicht 55-jähriger Spanier, welcher wahrscheinlich nur auf dem Weg lief um junge Frauen anzumachen. Wir hatten dies die letzten 2 Tage gut beobachten können, da er mit uns im Rhythmus lief und ständig mit anderen Schönen unterwegs war. Dadurch hatte er von uns auch den Spitznamen abgeleitet von »geilem Bock« ins Spanische erhalten ;-)). Auch hier hatte er wieder eine junge Frau im Arm, welche er den ganzen Tag bereits umgarnt hatte.

Nach dem ich einen vollkommen anstrengungslosen Nachmittag von fast 4 Stunden Hängematte über mich ergehen lassen hatte, lud ich die Mädels spontan zum Essen ein. Wir speisten im Restaurant der Herberge, wo der Koch sogar für uns extra frischen Fisch gegrillt hatte. Beim Essen und gutem Wein tauschten wir natürlich wieder Reflektionen und Weisheiten in philosophischer Weise aus. Zuerst ging es um Freundschaften und was wirkliche Freunde wären.

Maike sagte, dass Freunde welche nur in ihren schlechten Zeiten bei einem sind meist nur Energieräuber darstellen würden, welche es schaffen ihre Lasten auf dich abzulegen. Tanja sagte, noch schlimmer wären die, welche nur in deinen schlechten Zeiten bei dir sind, um somit ihr eigenes Seelenleid durch dein Leid mildern zu können. Ich stellte dann nun die Fragen was denn nun wirkliche Freunde ausmache und die Mädels sagten, dass dies diese sind, welche sich auch in deinen guten Zeiten bei dir aufhalten und sich ehrlich mit an deinen Erfolgen freuen können, als wären es die eigenen. Natürlich gehöre Trost in Wüstenzeiten auch dazu, aber nur unter der Voraussetzung dass dich die Tröster auch bereits an guten und erfolgreichen Tagen begleitet haben.

Umso später der Abend war, umso philosophischer wurden die Gespräche und der gute Wein sorgte immer wieder für neue Inspirationen, so dass wir schließlich beim Thema Schenken ankamen. Dabei stellte sich uns fast zum Schluss des Abends die Frage, was denn ein wirkliches Geschenk an eine Person darstellen würde.

Die Bestimmung der Gedanken bezüglich eines freundspezifischen Geschenkes gingen hin und her. Begonnen bei den Interessen der jeweiligen Person, bei den Bedürfnissen, bei den Hobbys und was man selber über die Person dachte und wie man letztendlich zu ihr stand. Nach einer langen Diskussion einigten wir uns weitestgehend darüber, dass umso näher einem ein Mensch stehen würde, umso schwieriger die Auswahl eines persönlichen Geschenks wäre. Einfach wäre es zum Beispiel bei einem Arbeitskollegen, von welchem man weiß, dass er zum Beispiel gern liest. Dem könnte man dann einen Buchgutschein schenken. Anders sehe es bei Menschen aus, welche man richtig in seinem Herzen tragen würde. Da könne nur ein Geschenk dienen, was selber ein Teil der eigenen Seele beherbergen würde. Ich sagte abschließend, dass ich mir dies ungefähr so vorstellen könnte, dass wenn zum Beispiel ein Trainer, welcher früher selbst mal Weltmeister war, seinem jetzigem Schützling, mit dem er sich seelisch sehr verbunden fühlt, seine zur eigenen Weltmeisterschaft beim Sieg getragenen Boxhandschuhe schenken würde. Diese Handschuhe wären mit dem ganzen seelischen Potential seines früheren Sportlerlebens angereichert. Dies müsste dann ein wirkliches Geschenk sein, auch wenn die Handschuhe nicht passen und vielleicht nicht mehr benutzbar wären. Aber dieses Geschenk würde die gesamte Energie des Trainers aus seinen früheren Erfolgen, welche er jetzt an seinen Schützling übergibt, tragen.

Stolz über unsere Anwesenheit in diesem Leben, betrunken vom Wein und der Philosophie gingen wir in unser gemeinsames Schlafgemach, welches wir mit 9 weiteren Pilgern teilten.

Ich schlief sofort ein und erwachte aber leider, als El-Bocko mit seiner neuen Knutschfreundin ins Bett gekommen war. Die beiden lagen oben direkt neben mir im Doppelstockbett und knutschten fröhlich weiter, als ob sie ein Zimmer nur für sich gehabt hätten. Ich war heil froh als die beiden dann endlich fertig waren und schlief nach dem eben Erlebten dann doch etwas irritiert ein.

Herberge mit Kirche in La Faba

Grenzstein in Galizien

Blick nach Galizien

Passhöhe San Roque (1300m)

Morgenstimmung mit Sonnenaufgang nach Sarria

Wegestein nach Sarria

Noch 100 km!!!

Brücke nach Portmarin

Verwunschene Cellistin

Herberge in Casanova

Warum schlägt unser Puls?

05. September 2006 Casanova – Melide – Ribadiso – Arzua (24,5 km)

Leider gab es in der Herberge kein Frühstück und da wir ausgeschlafen hatten und etwas herum bummelten, gingen wir erst gegen acht los. Maike wollte allein weiter laufen und so ließen Tanja und ich sie ziehen. Wir verabredeten uns auch nicht mit ihr. Ich lief dann mit Tanja los und wir begannen gleich dort weiter zu philosophieren, wo wir am vergangenen Abend aufgehört hatten. Wir gelangten über die richtige Freundschaft und des wirklichen Geschenkes schließlich bei Gerechtigkeit an. Dabei war meine eindeutige Meinung, dass Ungerechtigkeit immer nur aus subjektiver Sicht empfindbar wäre. Was für den jeweiligen Menschen im Moment ungerecht ist, bedeutet meistens für andere Menschen Gerechtigkeit. Trotzdem behauptete ich, dass es aber auch sehr große Ungerechtigkeiten auf der Welt gäbe und es dafür sicher keinen Ausgleich gibt. Als Beispiel führte ich an, dass es immer noch hungernde Menschen gibt und täglich Kinder an Hungersnot sterben, obwohl ja genug Essen auf der Welt da war und in Ländern wie Deutschland täglich Unmengen davon weggeworfen werden würden. Oder das täglich in Afrika tausende Menschen an Aids oder anderen Krankheiten sterben, obwohl das medizinische Know-how in der Welt dagegen vorhanden ist.

Tanja erklärte mir, dass immer ein Ausgleich im Leben stattfinden würde und dass man die Welt als ganzheitliches System mit ihren Planeten betrachten sollte. Der Prozess welcher in diesem System stattfindet, wäre der genaue Ausgleich aller Dinge. Die Sonne beleuchtet immer nur die halbe Erdkugel und der Rest der Erde ist in dieser Zeit in den Schatten getaucht. Dies wäre also die Einheit aller Dinge auf der Erde, obwohl nicht alle Austauschprozesse immer gleichzeitig stattfinden. In vielen kleinen Systemen, wie es zum Beispiel jeder einzelne Mensch darstellt, ist dieses Grundprinzip mit angelegt. Nur mit dem Unterschied, dass der Ausgleich mitunter versetzt stattfindet. Hier wäre das Beispiel von Fröhlichkeit und Trauer zu nennen, da dieser Ausgleich meist nicht wirklich zur gleichen Zeit stattfinden kann. Es sei denn der Mensch verstelle sich bewusst an manchen Tagen, um seiner Außenwelt nicht zu zeigen, dass er gerade trauert. Aber beim näheren Betrachten würde man die Trauer doch letztendlich im Gesicht, dem Scheitelpunkt zwischen Körper und Seele, bei guter Beobachtungsgabe, sehen können. Aber auch der Ausgleich zwischen den Menschen ist die gleiche Systematik, der eine ist traurig und der andere ist fröhlich. Doch das Hauptproblem dieser Welt, welche dem Ausgleich unterliegt, ist, dass die Kluft zwischen Schatten und Licht immer weiter auseinander driftet. Auf der einen Seite nimmt der Reichtum und der Wohlstand immer mehr zu und auf der anderen Seite gibt es immer mehr Hunger, Krankheit und

Tod, obwohl dies doch bei besserer Verteilung nicht so sein müsste. Somit sind die reichen Menschen, da Wohlstand kein wirkliches Glück bringt, unglücklich, und die Armen und Hungernden sind unglücklich, da sie nicht das lebensnotwendigste wie z. B. sauberes Trinkwasser haben. Somit wäre das wahre Glück des Menschen und dieser Welt die gerechte Verteilung von Licht und Schatten für jeden Erdenbürger. Die Menschen sollten lieber nach dem Motto »Nur was du gibst kann dir keiner nehmen« und nicht nach »Was ich hab das halte ich fest«, agieren und leben.

Ergänzend zu dieser Thematik war aber auch nach meiner Meinung, dass gerade der Gegensatz den Puls dieser Welt bestimmen würde. Das Anziehen, Abstoßen und der Ausgleich der Dinge wie Licht und Schatten, arm und reich, gut und böse, Leben und Tod, sowie Liebe und Leid produziert den Pulsschlag unserer Zeit. Wenn als rein theoretisch das Gegensätzliche in den Systemen keine Energie und somit keine Bewegung mehr verursachen würde, so würde die Welt wahrscheinlich aufhören zu existieren, da der Puls zum Erliegen kommen würde. Dies könnte für das System des Universums, für unser Planetensystem, für unsere Erde und schließlich letztendlich auch für den Menschen zutreffen. Denn umso gespaltener und gegensätzlicher ein Mensch in sich selbst ist, umso mehr Energie hat er zur Verfügung, welche letztendlich den Puls und sein Leben bestimmen wird.

Wir liefen dann still jeder seinen eigenen Weg und gleichzeitig temporär unseren gemeinsamen Weg des Tages so dahin. Nach einer Weile war es Tanja, die das Schweigen brach, indem sie mir sagte, dass das Umdenken ja bereits im Gange ist und der Mensch sicher nicht mehr so weiter machen kann wie es zur Zeit noch Gang und Gebe wäre und fragte mich zur Abwechslung, was ich für mich als die persönlichste Ungerechtigkeit meines Lebens ansah. Damit hatte mich Tanja unbewusst getroffen, denn das war der Tod meines Bruders.

Meine Eltern waren immer sehr mit sich und ihren Problemen beschäftigt. Da wir bereits drei Kinder waren, fanden sie auch kaum Zeit für jeden einzelnen von uns. Das empfand ich als Kleinkind sicher als eine Art Vernachlässigung und ich dachte manchmal, dass sie uns nicht sonderlich liebten. Doch dann kam meiner Eltern ihr 4. Kind, Alexander, auf die Welt. Mit diesem kleinen Baby hatte ich von Beginn an eine Art Seelenverwandtschaft und ich beschäftigte mich sehr viel mit ihm. Ich empfand eine sehr große Zuneigung zu meinem Bruder und er lächelte immer, wenn er mich sah. Genau dieses Lächeln hatte ich doch gerade bei meinen Eltern manchmal sehr vermisst. Leider war Alexanders Körper sehr schwach und er brauchte gleich nach der Geburt einen Blutaustausch. Er starb dann im Alter von 7 1/2 Monaten eines Nachts an zu hohem Fieber, auf Grund einer Gegenreaktion verabreichten Penicillins durch seine Ärztin. Diese Tragödie stellte persönlich für mich, da mein Bruder mir die

Liebe in mein Leben brachte und zeigte, die größte Ungerechtigkeit in meinem Leben dar.

Mittlerweile hatte ich beim erzählen Tränen in den Augen stehen und ich merkte, wie ich 32 Jahre nach dem Tod meines Bruders immer noch darunter litt. Ich hatte wahrscheinlich immer für Gründe gesucht und nie welche gefunden, doch diese hatte mir Tanja gerade kurz vorher mit dem Ausgleich beantwortet. Doch Tanja ließ mich mit meiner Erkenntnis nicht einfach so sitzen, sondern sagte mir, dass mein Bruder wahrscheinlich nur so kurz auf die Welt geschickt wurde, um mir die fehlende Liebe in meinem Leben zu zeigen und dass dies ja auch eine Art Ausgleich und ein sehr großes Geschenk an mich gewesen wäre. Ich lächelte mit Tränen in den Augen und wir gingen weiter.

Mittlerweile war es Mittag geworden und wir hatten außer ein paar restlichen Müsliriegeln von mir und ein bisschen Obst von Tanja nichts weiter gegessen. Aus diesem Grund kehrten wir in Melida in einer Bar ein und ließen es uns gut gehen. Maike stieß dann auch zu uns und wir blieben einfach noch eine Stunde sitzen, gingen danach Proviant einkaufen, verabredeten uns für Arzua und gingen dann jeder für sich alleine den Weg weiter.

Auf dem Weg zum Tagesziel, hatte ich kurz vor einem Waldstück eine Sinnestäuschung, zumindest hielt ich es dafür. Mir stieg der Geruch von Eukalyptus und Kiefer in die Nase, aber so stark, als ob gerade in der Sauna ein Aufguss gemacht worden war. Dieses Gefühl bei knapp 40 Grad im Wald ließ mich dann doch etwas an mir zweifeln. Ich dachte, jetzt habe ich auf dem Camino Schaden genommen und einen richtigen an der Klatsche und vielleicht sollte ich, wie Holger, schon einmal meine Verrentung proben. Doch hinter der nächsten Kurve klärte sich auf einmal alles auf. Hier wuchsen überall zusammen im Wald Kiefern- und Eukalyptusbäume dicht an dicht, und da es so warm war, sowie die Bäume harzten, roch es wie in der Sauna. Beruhigt darüber, dass ich doch noch keinen Riss in der Plane hatte, trabte ich durch den Saunawald weiter meinem Tagesziel entgegen.

Mittlerweile machte mir die Sonne und das vermehrt auftretende Ozon doch zu schaffen und mir war beim Laufen richtig schwindlig geworden. Als ich endlich Arzua erreichte, machte ich drei Kreuze, checkte mich sofort in die Herberge ein, wusch meine Sachen und schnappte mir mein Tagebuch, denn ich wollte und musste an diesem Tag viel schreiben. Mit meinen Schreibutensilien bewaffnet ging ich in die nächste Bar. Auf dem Weg dorthin, es war bereit 18:00 Uhr, lief ich an einer Digitaldisplaytafel mit Thermometer vorbei. Die Anzeige wechselte zwischen Werbebannern und der Temperatur. Es waren immer noch 42 Grad im Schatten!

Tanja und Maike kamen nach und wir machten mit Wein und gutem Essen bis zur Dunkelheit Siesta und Fiesta zu gleich. Danach gingen wir gemeinsam in die Herberge zurück und mein größter Wunsch in diesem Moment war, einfach wieder einmal zu schlafen. Doch leider wurde mir dieser Wunsch wieder nicht einmal ansatzweise erfüllt.

Unter mir schnarchte ein Spanier als wollte er jeden Moment ersticken und neben mir kroch ein Typ ins obere Doppelstockbett, welcher so stark nach Alkohol und Nikotin stank, als ob er alle verfügbaren Genussmittel Arzuas vor der Nachtruhe verzehrt hatte. Da ich ja seit Tagen Nichtraucher war und meine Nase seit Jahren wieder einmal richtig frei war, fand ich dies richtig abstoßend und eklig. Als aber der Typ in seinem Suff mich immer mit Angela ansprach und mich versuchte zu umarmen, war bei mir sozusagen »der Fisch geputzt«. Ich verließ fluchtartig mein Bett, nahm meine Klamotten und legte mich auf eine Matratze auf dem Fußboden des anderen Schlafraumes. Ein anderes Bett war leider wegen Überfüllung der Herberge nicht mehr frei und so schlief ich schlecht und wälzte mich die ganze Nacht hin und her.

Was ist Sehnsucht?

06. September 2006 Arzua – Santa Irene – Abzweig Pedrouzo – Labacolla – Villamajor (35,0 km)

Mit dem Druck auf den Lichtschalter um halb sieben, erlöste mich ein gütiger Mitpilger von dieser qualvollen Nacht. Mal abgesehen davon, dass ich in dem Mief des Schlafraumes am Fußboden fast erstickt wäre, taten mir alle Knochen im Leib weh. Trotzdem war ich froh endlich aufzustehen, denn das weitere Liegen hätte unweigerlich zu meinem Tod geführt.

Die erste Information des Tages war, dass einer Pilgerin am vorherigen Abend das Handy aus dem Rucksack geklaut worden war. Die Herbergsleiterin erzählte mir mit gebrochenem Deutsch beim Verabschieden, dass auf den letzen 150 km des Camino ganz schönes Gesindel unterwegs wäre und kein Tag vergehe, wo nichts gestohlen werden würde. Dies alles nur weil die Pilgerurkundenjäger, die so genannte Compostela, für ihre Jobbewerbung benötigen und sich nicht gerade auf Sinnsuche im Gegensatz zu ihren Mitpilgern befinden. Diesen Frust und vielleicht auch deren Dummheit bekommen so die richtigen Pilger ab und an doch zu spüren. Dies tat ihr sehr leid und sie entschuldigte sich sogar bei mir als Unbetroffenen.

Nach der morgendlichen Routine ging ich mit Tanja und Maike noch in der Dunkelheit zu der Bar vom vorherigen Abend, welche auch schon am Morgen Frühstück anbot. Zwar leider nur süße Sachen, aber wenigstens etwas zu Essen und dazu leckeren Milchkaffee. Nach dem kurzen Stopp ging es gleich zum Ortsausgang in den Wald, welchen wir mit unseren kleinen Funzeln wieder einmal versuchten auszuleuchten. Da uns beim letzten nächtlichen Waldspaziergang keine bösen Hexen oder Wölfe überfallen hatten, war ich dieses Mal nicht so ängstlich und bereits nach 15 Minuten Fußmarsch ging langsam die Sonne auf.

Im nächsten Dorf sahen wir auch, wie bereits am Vortag, diese großen Holzverschläge auf den Betonsockeln in den Gärten der Bewohner. Fast vor jedem Haus stand so ein Monstrum. Ich sagte zu meinen beiden Mitpilgerinnen, dass die Dinger vor Hexen schützen würden und wenn einmal eine Hexe besonders giftig wäre, würde sie darin eingesperrt werden. Doch meine Mädels wussten es wieder einmal besser und klärten mich sofort auf, dass dies Maisspeicher seien und diese zum Schutz vor Mäusen auf den Betonsockel gestellt werden. Aus diesem Grund würde die Bodenplatte an den Seiten auch so überstehen, damit die Mäuse den Überhang nicht überwinden können, es sei denn es wären Supermäuse die an der Decke laufen könnten.

Nach schließlich knapp 10 Kilometer erreichten wir die Ortschaft Melide und machten hier ein zweites Frühstück deftiger Natur. Es gab Tomatenbrot mit Olivenöl und dazu Orangensaft und Kaffee. Nach der Pause trennten wir uns und liefen wieder jeder allein seinen Weg.

Nachdem ich eine Weile so vor mich hin gepilgert bin, traf ich in einem Waldstück Sonny. Er freute sich tierisch mich zu sehen und umarmte mich gleich wie einen seiner besten Freunde. Ich war erst etwas distanziert, weil er ja vielleicht schon wieder seine Akkupunkturnadeln an jemanden ausprobieren wollte. Doch nichts der Gleichen geschah und wir liefen zusammen weiter und unterhielten uns angeregt. Sonny erzählte, dass er viele Frauen in seinem Leben gehabt hatte und jetzt mit 36 immer noch auf der Suche war. Er konnte einfach nicht die richtige Frau finden und fühlte sich manchmal wie ein getriebenes Tier. Er hätte so eine unbestimmte Sehnsucht in sich, welche an manchen Tagen in seinem Inneren richtig aufschrie. Dabei wünschte er sich so sehr die richtige Frau für sein Leben zu finden und hatte aber das Gefühl, dass er bei dem vielen Suchen wie blind hin und her irrte und selbst nicht mehr wusste, wer er denn so richtig war.

Ich sagte ihm, dass es mir an manchen Tagen auch so ginge wie ihm, doch mit dem Unterschied, dass ich immer erst meine innere Revolution meistere, ehe ich mich nach außen wende. Aber jeder Mensch sei verschieden und mein Weg wäre sicher auch nicht der Beste, zumindest sind mir im Gegensatz zu ihm dabei eine Menge Frauen entgangen. Aber er solle ruhig weitersuchen, denn nur, wenn er auf der Suche bleibt und der Sehnsucht folgt, kann er auf diesem Weg sich und auch vielleicht die Frau des Lebens irgendwann treffen. Ganz egal was die Leute denken, selbst wenn er bei dieser Suche noch hundert weitere Frauen kennen lernen würde. Denn die Sehnsucht kommt immer von innen aus dem Herzen. Nur diesem Ruf ist der Mensch zu folgen bestimmt, dem Ruf zu folgen, zu was wir bestimmt worden sind. Dieser Ruf allein ist die Sehnsucht, welche in uns wohnt und uns trotz aller Widerstände und Verzögerungen zu unserem in uns wohnendem Traum führen wird. Je größer dieser Traum ist, umso länger würde die Reise dorthin wahrscheinlich dauern. Aber er sollte gar nicht dafür sorgen, dass das Herz aufhört ihn sehnsuchtsvoll auf die Erfüllung seines Traumes zu ersuchen, denn das Herz wird nicht aufhören zu rufen.

Leider gehen viele Menschen einen anderen Weg. Sie gewöhnen sich an das viele Rufen, überhören es, bis die Stimme des Herzens und somit die Sehnsucht stirbt. So vegetieren sie im herztoten Körper bis zum physischen Tod dahin und die Sehnsucht nach ihren Träumen wird nie erfüllt werden.

Dann überholten wir eine hübsche nette Frau und Sonny folgte wieder einmal mehr seiner Sehnsucht. Er umarmte mich zum Abschied kurz aber diesmal ganz fest, dankte mit für das Gespräch und wand sich in der Erfüllung seiner Sehnsüchte dem hübschen Weibe, welches er bereits irgendwoher kannte, zu.

Der Weg wurde immer interessanter und ich ging mittlerweile durch wunderschöne Wälder. Zwischen den Wäldern waren Felder angelegt und ca. 4 Meter darunter ging der Camino in einer Art Hohlweg durch die Landwirtschaft. Das war schon ein komisches Gefühl wenn man bedachte, dass die Wände in dem Weg ja hätten einstürzen können. Doch meine Gedanken daran verschwanden, als ich den ersten verbrannten Wald meines Lebens sah. Es war ein Trauerstück, was mir da vorgeführt wurde. Die Bäume waren bis in 5 Meter Höhe vollkommen schwarz gebrannt und das obere noch grüne Leben hauchte sich langsam aus, indem die Bäume begannen alle Blätter abzuwerfen. Zu allem kam, dass der

Wald noch qualmte und es stark verbrannt roch. Ich war froh, die durch Menschenhand sterbende Natur schnell passiert zu haben, denn dies war mit Sicherheit das Werk von Brandstiftern gewesen.

Im nächsten Dorf machte ich eine Rast in einer Bar. Dort unterhielt ich mich mit einem englischen Ehepaar, welche den Camino aller drei bis fünf Jahre gemeinsam beschritt. Sie liefen gerade das sechste Mal und waren mittlerweile beide Mitte 60.

In der Bar machte auch El Bockos letzte Flamme von der vorgestrigen Nacht halt. Sie war allein, trank Flaschenbier, rauchte, telefonierte ständig und spuckte aller 3 Minuten auf den Fußboden aus. Dieses merkwürdige Verhalten hatte ich vor zwei Tagen bereits schon beobachten können und ich fand, dass dies zu diesem hübschen Mädchen eigentlich überhaupt nicht passte. Ich versuchte dennoch Toleranz, aus dem Wissen heraus das Verstehen so gut wie unmöglich sei, zu üben.

Beim Weiterlaufen öffnete sich das Gelände immer mehr und ich hörte sogar Fluglärm in den Wald dringen, als ob ich neben einer Landebahn laufen würde. Ein Blick auf meine Landkarte bestätigte mir, dass hinter dem Wald der Flughafen von Santiago de Compostela war. Ich wusste nun, dass ich spätestens am nächsten Tag ankommen würde und verlangsamte automatisch mein Schritttempo. Irgendwie bekam ich es mit der Angst zu tun, denn nach dem Weg ging der Weg zwar zu Hause weiter, doch leider mit anderen Bedingungen wie hier. Die

Gesellschaft wartete bereits auf mich und sie kam mir vor wie ein übergroßes Monster.

Nach einem wunderschönen Wegstein, auf welchem Santiago stand, machte ich mitten auf dem Radweg parallel zur Schnellstraße Rast. Ich trank mit dem Blick auf den Monto do Gozo (Berg vor Santiago) mein letztes Wasser und verzehrte eine ganze Tafel Schokolade auf einmal. Als ich so saß, holten mich Tanja und Maike getrennt voneinander ein. Sie wollten auch noch nicht bis nach Santiago laufen und aber auch nicht auf dem Monto do Gozo mit seiner kommerziell erbauten Pilgerstadt übernachten. Beide wollten dann in Labacollo kurz vor dem Berg halt machen. Da ich keine Lust auf Ankommen hatte, schloss ich mich ihrer Meinung an. Außerdem hatten wir alle an diesem Tag bereits knapp 30 km zurückgelegt.

In Labacollo abgekommen machten wir in einer Bar noch eine Kaffeepause und liefen dann doch den Berg bis Villamajor hoch, da die Herbergen in diesem Ort alle geschlossen hatten. Dies war wahrscheinlich bereits eine Auswirkung der Pilgerstadt auf dem Berg. In Villamajor checkten wir uns in eine kleine schnucklige Privatherberge ein und gönnten uns damit, 9 Kilometer vor der Kathedrale in Santiago, ein Luxusapartment für 3 Personen für 45 Euro.

Wir aßen uns, unter der Zuhilfenahme von 2 Flaschen gutem Wein, richtig voll. Es gab Fleisch, Fisch, Käse, Baguette und viel, viel Knoblauch. Nach dem Essen gingen wir in unser Appartement und wollten schlafen. Doch die Mücken die durch das versehentlich nicht geschlossene Fenster in unser Zimmer gedrungen waren, waren in der Überzahl und verwehrten uns in erster Instanz den Schlaf. Erst als ich sie alle erwischt hatte, versuchten wir es zum zweiten Mal. Doch jetzt rebellierte mein Magen.

Entweder hatte ich zu viel gegessen, zu viel getrunken oder der Knoblauch hatte mir den Magen aufgewühlt. Ich hatte aber auch von anderen auf dem Weg bereits gehört, dass eine Magen- Darmseuche ähnlich der Ruhr unter den Pilgern herumgegangen war. Hinzu kam wahrscheinlich noch das überwältigende Gefühl der Angst, morgen schon in Santiago anzukommen. Jedenfalls ging es mir von Minute zu Minute schlechter. Ich hatte plötzlich Fieber, musste ständig brechen und stuhlen. Die letzteren beiden Angelegenheiten am liebsten zu gleich. Tanja massierte mir den Bauch und füllte mir Bach-Rescue-Tropfen ein. Doch es half alles nichts, bis nach mehreren Toilettenbesuchen weder vom Frühstück noch vom Abendessen etwas in mir war, so dass ich es doch noch schaffte weit nach Mitternacht endlich einschlafen zu können.

Kehrt das was wir loslasen zu uns zurück?

07. September 2006 Villamajor – Monto do Gozo – Santiago de Compostela (9,0 km)

Um 07:00 Uhr sind wir drei dann aufgestanden. Ich selbst fühlte mich mehr tot als lebendig und war vollkommen entkräftet. Dies war ja auch kein Wunder gewesen, wenn man davon ausgeht die Nahrung der letzten 3 Tage in der Nacht komplett weggeworfen zu haben.

Tanja machte mir eine Bachblütenmischung für meine Wasserflasche und mit der Morgendämmerung gingen wir ohne Frühstück los. Meine Appetitlosigkeit und der Schwindel durch das Fieber, hatte mir ja sowieso das ganze Essen am Morgen vermiest und ich hätte die gute Nahrung wahrscheinlich postwendend wieder herausgebracht. Ich dachte beim Loslaufen, halte durch, es sind nur noch 9 km bis zu deinem Ziel.

Die Sonne hatte sich versteckt und wir liefen wieder einmal mehr durch den galizischen Morgennebel, welcher uns erlaubte, die Welt nur ca. 30 Meter im Voraus zu sehen. Somit hat auch der Nebel etwas Gutes, denn er erlaubt dem Menschen nicht allzu weit in die Zukunft zu sehen.

Nach einer Stunde Fußmarsch erreichten wir den Monto do Gozo. Dies ist der Berg, von welchem man Santiago de Compostela sehen kann. Der Blick blieb uns durch den Nebel an diesem Morgen verborgen. Hier auf diesem Berg gibt es eine riesige Pilgerstadt mit Herbergen, Gaststätten und Bars. Eine Kommerzstadt fünf Kilometer vor dem Heiligtum, welche im heiligem Jahr meist vollkommen ausgebucht ist. Das heilige Jahr ist immer dann wenn der 25. Juli auf einen Sonntag fällt, denn der Legende nach sind die Gebeine des heilige Santiago Sonntags am 25. Juli vom Meer aus angespült wurden. Zu diesem Anlass gehen in diesen Jahren meist die doppelte Anzahl der Pilger den Camino de Santiago, um am Vorabend des Feiertages bereits da zu sein und an den Veranstaltungen am Samstagabend, sowie an den Prozessionen und Festlichkeiten am Sonntag teilnehmen zu können.

Mir begannen meine Beine zu schmerzen und ich spürte die Blasen an den Füßen, welche nicht mehr da waren. Mein Schädel dröhnte und ich taumelte mehr als was ich lief. So erreichten wir, zum Glück ab dem Monto do Gozo immer bergab, das Ortseingangsschild von Santiago de Compostela. Dort liefen uns allen die Tränen aus den Augen und wir umarmten uns alle drei. Wir hatten es fast geschafft, standen am Ortseingang unserer Träume und mussten nur noch 5 km zur Erlösung laufen, und die liefen wir dann auch.

Bei diesen letzten Metern des Camino de Santiago umgab einen das Gefühl, dass dieser letzte Gang einen nochmals den ganzen Weg mit all seinen Gefühlen der Freude, der Trauer und des Schmerzes zeigte. So ähnlich muss es wohl sein, wenn der Mensch im Augenblick des Todes noch einmal die Höhen und Tiefen seines ganzen Lebens erlebt. Genau so ging es mir und ich hatte das Gefühl, dass mir der Camino in irgendeiner Weise mein ganzes Leben aufgezeigt hatte. Ich dankte Gott, dass ich diesen Weg hier heil gehen durfte, dankte ihm für die Entsendung der Menschen, welche er mir als Vertreter anderer Personen meines Lebens geschickt hatte und für die vielen, vielen wunderbaren Erfahrungen und Reflektionen von dieser Zeit.

Ich kämpfte nun nicht mehr mit meinen Tränen und lief voller Dankbarkeit über diese einfach weiter. In diesem Zustand durchschritten wir das Pilgerdenkmal mit den vielen Päpsten und wir liefen nun endlich in die Vorstadt von Santiago ein. Wir liefen immer weiter und der Weg wollte einfach nicht mehr enden, so dass es mir so vorkam, dass wir an diesem Tag und vor unserer Erlösung dafür bestimmt waren, über uns hinaus zu wachsen. Genau das taten wir, denn wir gingen unserem Ziel voller Angst, Freude und Schmerzen entgegen, wie dies hier täglich tausende von Menschen tun, welche ihren eigenen Weg weiterhin im Leben weiter gehen wollten.

Kurz vor dem Eintritt in die Altstadt traf ich an einer Ampel Toby. Er war schon bereits seit zwei Tagen hier und wir begrüßten uns herzlich. Ich gab ihm gleich die 20 Euro zurück, so brauchte ich diese nicht später zu Hause an ihn zu überweisen. Ich dankte ihm noch einmal für seine Hilfe und lief die letzten Meter mit meinen zwei Mädels bis zur Kathedrale.

Als wir diese um Punkt 10:00 Uhr erreichten, läuteten die Glocken und im selben Moment durchbrach die Sonne den Morgennebel. Sie leuchtete zur Begrüßung direkt mitten in unser Antlitz und diese wahrlich göttliche Begrüßung ließ mich in absoluter innerer Ruhe auf dem Platz erstarren.

Unser nächster Weg führte uns dann in das Pilgerbüro, wo jeder Pilger nach Vorlage seines in den Herbergen abgestempelten Pilgerpasses, die Pilgerurkunde, die so genannte Compostela, auf seinen Namen in Latein ausgestellt erhält. Danach gingen wir frühstücken, denn unsere Mägen knurrten, einschließlich meines eigenen, nun doch nach allen Strapazen erheblich. Ich aß nur trockenes Brot und trank Tee, denn mein Körper hätte nicht mehr und nichts Anderes vertragen können. Im Anschluss nach dem Frühstück suchten wir uns für die Nacht eine Unterkunft.

Auf dem Weg zur Pension kam uns plötzlich Ronja entgegen gerannt. Sie lief direkt auf mich zu und wir legten eine filmreife Umarmung mitten in der Altstadt von Santiago hin. Mich überrannten wieder die Gefühle, denn Sie noch einmal zu treffen, hätte ich nicht erwartet. Ich hatte bereits von ihr losgelassen und ich war in dem Augenblick dankbar, dass dies was wir im Leben loslassen zu uns zurück kehren kann und egal was passiert, man sich immer zweimal im Leben sieht. Auch dies hatte ich auf diesem Weg erneut in meinem Leben erkennen müssen. Wir verabredeten uns dann für 12 Uhr zur Pilgermesse in der Kathedrale.

Mit Maike und Tanja checkte ich mich dann in einer kleinen Pension mit Toilette auf dem Gang ein. Wir hatten ein 3-Bett-Zimmer mit einem wunderschönen Blick auf einen kleinen Park. Wir erfrischten uns kurz und gingen zur Messe.

Vor der Kathedrale traf ich dann auch Sonny, Vittorio, Bastian, Ronja und viele andere Pilger, welche ich zwar nicht namentlich kannte, aber auch diese waren mir mindestens zum zweiten Mal auf meinem Weg nach Santiago und somit in meinem Leben begegnet. Es war ein einziges herzliches Hallo und bestand aus Tränen, Umarmungen und einfach nur aus purem Glück.

Die Pilgermesse war dann seelisch einfach der Hammer. In mehreren Sprachen wurden die Pilger begrüßt und gesegnet. Dann sang eine Nonne mit einer herzzerreißenden Stimme die Lieder für den gemeinsamen Choral vor. Die ins Herz einschneidende Stimme der Dame erfüllte mich mit einer nie da gewesenen Sehnsucht in mir und ich hatte eine Gänsehaut am ganzen Körper. Ich war in diesem Moment einfach dankbar und glücklich über dieses überwältigende Gefühl.

Dann wurde ein riesiger Weihrauchkessel angezündet und durch fünf Geistliche über die ganzen Pilger mit einem dicken Tau gezogen. Mit diesem Tau schwenkten sie dann den brennenden Weihrauch–Kessel über die Köpfe der Anwesenden durch die Seitenschiffe der Kathedrale hindurch.

Dies auf einer Länge von ca. 80 – 100 Metern. Dazu stimmte die Nonne die geübten Choräle an und wir sangen alle mit. Ich fühlte ein tiefes Gefühl der Verbundenheit und der Gemeinschaft mit allen Menschen in der Kirche und auf der Erde. Selbst der mir zum Freund gewordene Heulemann konnte sich nicht mehr zurückhalten. Nach diesem abschließenden Ritual der täglich stattfindenden Pilgermesse, stellten wir uns in die lange Reihe, um den heiligen Jakobus umarmen zu können.

Die vergoldete Statur des Jakob ist ein einziger und prunkvoller Altar, bei welchem über eine seitliche Treppe der Weg für die Pilger zu ihm hinauf führt. Wir umarmten ihn dann von hinten, denn dies soll viel Kraft bringen und es dient auch als symbolisches Zwischenziel für alle Pilger und deren Leben. Danach stiegen wir auf der anderen Seite des Altars in den Keller hinab, um durch ein Gitter den Sarg der Gebeine des Apostels zu betrachten. Dort wusste ich nicht so richtig was ich davon halten sollte und als ich nach einem kurzen Blick auf den Sarg aus dem Keller gehen wollte, stolperte ich über ein Bein einer Frau, welche vor dem Sarg im Gebet nieder kniete. Ich hatte sicher nicht genügend Respekt gezeigt und mir wurde an dieser heiligen Stätte ein Zeichen oder ein Wink mit dem Zaunspfahl gegeben, dass ich mich doch etwas gebührender verhalten sollte. Ich hatte mir das sicher nicht eingebildet, denn es gibt nun mal keine Zufälle im Leben.

Nach der Messe machten wir mit allen Anwesenden ein schönes Gruppenfoto auf dem Vorplatz der Kathedrale und gingen dann alle in eine Bar. Hier traf ich auch Marvin (Doc Bio) wieder. Wir freuten uns, auch uns noch ein zweites Mal im Leben wieder zu sehen. Mit Ronja unterhielt ich mich über den Fußmarsch von Santiago nach Finisterre. Von diesem Weg war leider, so erzählte sie mir, von den 85 Kilometern Wald 40 Kilometer durch die Waldbrände zerstört wurden und man würde da nur noch durch toten Wald laufen können. Wir beschlossen am nächsten Morgen mit Tanja und Maike, welche sich darauf bereits geeinigt hatten, mit dem Bus ans Capo de Finisterre zu fahren.

Es kam allmählich meine Abgeschlagenheit und das Fieber wieder, so dass ich mich von allen verabschiedete. In der Pension machte mir die liebevolle Besitzerin Maria einen Tee und verabreichte mir zwei Tüten Iboprofen-Granulat. Ich schlief gegen 16 Uhr ein und erwachte an diesem Tag nicht mehr.

Eukalyptus- und Kieferwald

18 Uhr in Arzua

Maisspeicher oder Hexengefängnis

Hohlweg auf dem Jakobsweg

Verbrannter Wald

Ortseingangsschild Santiago de Compostela

Pilgerdenkmal am Ortseingang Santiago de Compostela

10 Uhr – die Sonne kommt – Kathedrale in Santiago

Altar des heiligen Jacobus in der Kathedrale in Santiago

Weihrauchzeremonie während der Pilgermesse

Verdirbt das Geld den Menschen?

08. September 2006 Santiago de Compostela – Finisterre (80,0 km)

Ich war doch nicht gestorben und wachte nach 15 Stunden Schlaf gegen 7 Uhr morgens auf. Mir war immer noch etwas taumlig und ich zog es aber trotzdem vor, gleich den Morgen mit einer kalten Dusche zu begrüßen. Nach dem eiskalten Schock ging es mir gleich wesentlich besser. Tanja und Maike waren auch schon wach und erkundigten sich mütterlich nach meinem Befinden. Nachdem sie festgestellt hatten, dass dieses für eine Busfahrt noch ausreichen würde, packten wir unsere Sachen, checkten bei Maria aus und liefen mit unseren Rucksäcken bepackt bis zum Busbahnhof.

Am Busbahnhof, als wir die Fahrkarten besorgten, trafen wie das brasilianische Pilgerteam. Das war an diesem Morgen gleich eine tolle Überraschung und ein Hallo. Die beiden Verrückten wollten mal eben noch nach Portugal mit dem Bus fahren, ein paar Tage den dortigen Camino laufen und anschließend zurück nach Madrid zum Heimflug nach Brasilien. Beide waren total überwältigt von den Erfahrungen und den Erlebnissen auf dem Jakobsweg, dankten Gott und Paulo Coehlo, welcher die beiden ja geschickt hatte, und erzählten uns, dass sie im nächstes Jahr wieder nach Santiago pilgern wollten. Da die beiden zu ihrem Bus mussten, verabschiedeten sie sich schnell von uns und gingen los.

Wir drei gingen dann gegenüber dem Busbahnhof in ein Cafe zum Frühstück, wo auch ich, was die tägliche Nahrungsaufnahme anbelangte, das erste Mal seit 2 Tagen wieder richtig mit dabei war. Gesättigt und relaxt schlenderten wir dann zu unserem Bus und trafen, wie sollte es anders sein, Ronja am Bahnsteig. Wir verstauten unsere Rucksäcke im Bauch des Überlandbusses und setzten uns hinein und los ging die Reise nach Finisterre.

Finisterre ist der Sage nach der Ort, wo der Sarg des heiligen Jakob mit seinen Gebeinen ans Ufer geschwemmt wurden war. Der Sarg wurde von einem Fischer am Kap Finisterre an Land gezogen. Außen am Sarg hafteten lauter Muscheln, die danach benannten Jakobsmuscheln. Mit diesem Symbol der Muschel ist der gesamte Camino beschildert und die Pilger tragen meist eine dieser Muscheln zur Kennzeichnung als Jakobspilger an ihrem Rucksack.

Wenige Pilger gehen die ca. 80 km nach Finisterre zu Fuß. Diese Strecke hat aber zum großen Vorteil, dass sie Ruhe und Abgeschiedenheit wie nirgendwo auf dem Jakobsweg bietet. Wir wollten diesen Weg auch laufen, doch leider waren große Teilstrecken des Waldes und somit auch der Weg von Verbrennungen gezeichnet. Um uns vier die Depressionen durch die 4-tägige Auseinandersetzung mit dem toten Wald zu ersparen, fuhren wir als passionierte Fußgänger an diesem Tag eben Bus. Die

Busfahrt dauerte für die paar Kilometer vier Stunden, denn der Bus hielt fast auf jedem Kuhdorf an.

Bei der Fahrt sahen wir, immer wenn der Blick auf Waldstücke frei war, die gravierenden Schäden der Natur durch die Verbrennungen. In den Nachrichten hatten wir bereits gehört und gesehen, dass die Brände hauptsächlich aus Geldgier gelegt worden waren.

Die Regierung von Galizien zierte sich schon seit Jahren ein Gesetz für brandgerodete Flächen zu verabschieden. In diesem Gesetz sollte beschlossen werden, dass solche Flächen 30 Jahre nicht bebaut werden dürfen. Doch leider kam es nie zum Beschluss des Gesetzes. Große Geschäftsleute kämpften auf der anderen Seite seit Jahren dafür, dass weitere Flächen um Santiago de Compostela als Bauland und somit für Investitionen frei gegeben werden sollten. Diese Meinungsverschiedenheit der Parteien wird seit Jahren im Wald ausgetragen, denn dieser brennt seit dieser Zeit fast jedes Jahr und Gier des Kapitals wird somit auf Kosten der Natur befriedigt.

Sicher gab es auch kleine Brände, welche durch die Trockenheit und ungünstige Zufälle ausgelöst worden sind, doch die meisten wurden absichtlich gelegt. Mit diesem Thema kam ich in der Diskussion mit Ronja schließlich beim Geld und deren Bedeutung für den Menschen an. Dazu meinte Ronja, dass Geld abgeschafft werden müsste, denn Geld verdirbt die Menschen. Wenn ein Mensch viel Geld und Besitz hat, erlangt er in der heutigen Gesellschaft damit auch Macht, denn fast alles ist käuflich. Da sich die meisten Menschen kaum mit einem einmal erreichten Level zufrieden geben, ist das Streben nach mehr Geld und Macht bereits vorprogrammiert. Doch wenn die Gier und das Streben nach Mehr schließlich die Leute in den obersten Etagen des Kapitals und somit der Macht angelangen lässt, verschärfen sich die Wettbewerbsbedingungen eben dort nochmals extrem, denn die Luft wird dort sehr dünn und die Logenplätze in dieser Höhe sind begrenzt. Dann helfen im Kampf nur noch Intrigen, Bestechung, Drohung, Brandrodung, Mord und Krieg, und das für ein paar lumpige Geldscheine, welche niemand mit ins Grab nehmen kann. Also verdirbt das Geld den Menschen und der Mensch hat sich mit Schaffung des Geldes selbst den Grundstein für das Verderben gelegt.

Endlich kamen wir nach der langen Busfahrt in Finisterre an. Die kleine Stadt am Meer war komplett in Nebel gehüllt und es nieselte bei unserer Ankunft. Wir hatten eine Adresse von einem Hostal von Maria in Santiago bekommen, welches wir gleich aufsuchten. Dort waren nur noch ein Doppelzimmer und zwei Einzelzimmer frei. Maike und Tanja wollten ein Zimmer für sich und so kam es, dass Ronja mit mir das Doppelzimmer teilten durfte. Da wir alle beide an der Magen-Darm-Infektion litten, konnten wir andere auch nicht infizieren und hatten dann so zu sagen Quarantäne. Die Frage war nur, ob Ronja mit mir litt oder ich mit ihr?

In Finisterre war mit unserer Ankunft drei Tage Fiesta angesagt und zur Begrüßung knallte es ab 12 Uhr nun alle 3 Stunden bis in jede Nacht hinein. Der Chef von dem Hostal erklärte uns, dass am ersten Tag das Fest des Patronen, am nächsten des Meeres und am übernächsten Tag das Fest eines Heiligen sei. Ich freute mich auf die schönen schlaflosen Nächte und beschloss sofort, mir gleich ein paar neue Ohropax in der nächsten Apotheke zu besorgen.

Nach dem Einchecken ging ich mit Ronja in einer Regenpause einkaufen. Es war kühl und feucht, so dass wir nach den letzten 3 Wochen Sonne doch ganz schön fröstelten. Wir kauften uns vor allem Lebensmittel, welche wir dann auf unserer kleinen Veranda verzehrten. Als es dann dunkel wurde und wir uns müde geredet hatten, gingen wir nach einer Flasche Wein schließlich gegen halb zehn zu Bett.

Ich konnte nicht schlafen und war total unruhig. Dies war ja auch kein Wunder, denn ich war an diesem Tag keine 25 km gelaufen, hatte 15 Stunden am Stück geschlafen, fing bereits an meinen Weg zu verarbeiten und lag neben einem Abbild von Gudrun Landgrebe, welche ich außerordentlich attraktiv fand, im Bett. Ich denke mit dieser Konstellation ließen sich meine Einschlafschwierigkeiten leichter begründen. Nachdem ich mir gegen die Fiesta-Böller meine Ohropax eingeklinkt hatte und noch 2 Stunden über Gott und die Welt gegrübelt hatte, schlief ich noch kurz vor Mitternacht ein.

Was ist Balance im Leben?

09. September Finisterre

Ich hatte einen total verrückten Traum in der Nacht und bin am Morgen gegen 07:00 Uhr dadurch aufgewacht.

Ein anderer Soldat und ich waren in einem Bunker und wir wurden von allen Seiten beschossen. Zum Schluss wurden wir von chinesischen kleinen Soldaten, ich vermute dies, da die Soldaten alle Schlitzaugen hatten, überwältigt und mussten uns mit den Händen auf dem Rücken gefesselt auf den Boden des Bunkers legen. Dann beugten sich zwei Soldaten mit ihren Gewehren über uns und schossen uns gleichzeitig von hinten durch die Herzen. Ich stand danach gelassen auf und verließ den Bunker durch die geschlossene Wand wie ein Geist. Der andere Soldat blieb leblos liegen.

Da ich nie bei der Armee war und Kriegssituationen nicht kenne, erstaunte mich der Traum inhaltlich sehr. Doch am meisten überraschte mich, dass ich mit vollkommener Gelassenheit den Tod hinnahm und einfach weiter ging. Da ich aber kein Traumdeuter bin, war für mich die einzige Erkenntnis an diesem Morgen daraus, dass es mit Sicherheit ein Leben nach dem Tod geben musste. Denn Energie, aus welcher alles und auch wir Menschen bestehen, ist rein physikalisch, auch nachdem Energieerhaltungssatz, dauerhaft.

Trotzdem war ich an diesem Morgen ganz schön schräg drauf. Ich wusste nicht so richtig was ich anstellen sollte, konnte mich nicht so richtig zu etwas durchringen und war ständig gedanklich zerstreut. Da Ronja bei Zeiten auf das Kap Finisterre (Finisterre bedeutet übersetzt »Ende der Erde«) laufen wollte, war ich den ganzen Vormittag allein und verbummelte die Zeit bis 12 Uhr. Dass es bereits schon Mittag geworden war, bemerkte ich wieder einmal durch die Kanonenschüsse der »endlich« beginnenden Fiesta.

Ich ging dann erst einmal zur Fiesta herunter, kaufte mir an einem Stand eine Umhängetasche und ging in einer kleinen Bucht am Ortausgang im offenen Meer nackt baden. Das Meer war eiskalt aber erfrischend und belebend. Ich konnte es mir nicht verkneifen, trotz wahrscheinlich drohender Erfrierungsgefahr, richtig weit ins offene Meer hinaus zu schwimmen. Diese übermütige Aktion erschwerte mir dann schließlich die Landung am Ufer, denn die Wellen in der Brandung wollten mich nicht mehr so richtig zurück lassen. Ich schaffte es dennoch und war froh, sofort die Sonne auf meiner Haut zu spüren, welche mich zum Glück in Sekunden wieder auf normale Betriebstemperatur brachte.

Dann schlenderte ich zurück und machte ein ausgiebiges Frühstück-Mittag-Essen sowie Kaffeetrinken in einer Bar. Dort traf ich auch Maike und Tanja, mit welchen ich mich unterhielt. Die beiden waren bereits am Vormittag auf dem Kap gewesen und sie schwärmten förmlich vom Ende der Erde.

Ich beschloss zum späten Nachmittag über die Berge aufs Kap zu steigen, um auch den Sonnenuntergang mitnehmen und genießen zu können.

Das »Capo de Finisterre« ist für die Pilger ein Ort, wo sie rituell den gegangenen Pilgerweg beenden und ein Kleidungsstück wie ein T-Shirt oder Schuh dort verbrennen. Gleichzeitig ist das Kap auch das Ende des Weges und wird durch einen 0 km-Wegestein symbolisch gekennzeichnet. Somit ist der Begriff Ende der Erde, welchen die Kelten schon vor 2500 Jahren dafür wählten, nicht ganz ungerechtfertigt. Gegen 17 Uhr brach ich allein zu diesem Ende der Erde und somit zum Ende meiner Reise auf.

Ich benutzte den Weg durch die Berge, welcher zwar länger aber dafür abgeschiedener war. Nach gut einer Stunde erreichte ich den höchsten Punkt dieses Berges, wobei ich zurückblickend eine wunderschöne Badebucht hinter dem Ort Finisterre erblickte und in der Gegenrichtung den Leuchtturm des Kaps bereits schon sah. Der Leuchtturm steht auf einer Felsenplattform, hinter welcher sich das schier unendliche Meer ausdehnt. Mit Blick auf die langsam sich senkende Sonne ging ich direkt auf das Kap zu. Dort angekommen war ich überwältigt von der absoluten Schönheit und Harmonie dieses Ortes.

Die Felsen und somit die Welt fällt hier direkt mit der Sonne in den Ursprung allen Lebens, ins Meer. Die Möwen kreischen, die Delphine pfeifen und schießen dabei aus dem Wasser, um im nächsten Augenblick wieder einzutauchen. Über dem Meer lag ein leichter Nebel, die Unendlichkeit war und ist für den Mensch dort kaum fassbar und in der Kleinheit des fühlenden menschlichen Seins macht sich ein plötzlich unendlicher Frieden breit. Genauso fühlte ich mich und auch in mir breitete sich die Seelenruhe aus, am Ziel, dem Ende und für mich auch gleichzeitig wieder dem Beginn der Erde und meiner weiteren Reise.

An einem Fahnenmast, wo Unmengen von Kleidungstücken der Pilger hingen, hängte auch ich eins meiner auf dem Weg getragenen T-Shirts symbolisch als Abschnitt eines Teiles meiner großen Reise mit auf. Mit dem Camino war mein Leben ja schließlich nicht zu Ende, im Gegenteil, es fing mit neuen Erkenntnissen gerade eben wieder an und ging weiter.

Unterhalb des Sachenturms, welcher ja eigentlich ein Fahnenmast ist, an einer Feuerstelle verbrannten Pilger gerade gemeinsam ihre Sachen und ich entdeckte unter ihnen Sonny. Auch er sah mich und kam nach der Verbrennung seines T-Shirts zu mir.

Wir unterhielten uns und Sonny fragte mich, wie denn meine Camino so gelaufen war und ob ich jetzt am Ende meiner Reise zufrieden wäre. Ich sagte, dass dies die schönste Reise meines bisherigen Lebens darstellte, denn es war die Reise zu mir selbst gewesen. Doch jetzt fange mein Weg erst richtig an und ich hätte viele Dinge, welche ich auf der Reise erkannt hatte, erst einmal zu ändern und dabei käme eine Menge Arbeit und Unannehmlichkeiten auf mich zu.

Sonny erzählte mir, dass er auch jedes Mal so empfand, wenn er hier an dieser Stelle stand. Er war sich aber durch seine alten Erfahrungen bereits wieder bewusst, dass es nicht so leicht war den Camino in den Alltag zu implementieren und dass dazu eine gehörige Portion Willen von Nöten wäre, denn die Gesellschaft und ihre Probleme, sowie die Manipulation durch diese, hatten ihn in der Vergangenheit auch immer wieder schnell eingeholt. Ich nickte und sagte zu Sonny, dass ich dazu bereit wäre und hoffte, noch ein paar Leute mehr zu inspirieren diesen Weg zu gehen, um somit die damit verbundenen Erfahrungen machen zu können.

Als nun die Sonne ins Meer fiel und die unendliche Weite noch weiter wurde, unterbrachen wir unser Gespräch und blieben ohne Worte verständnisvoll für einander sitzen.

Nach dem romantischen Teil fragte ich Sonny, ob denn sein Weg in Ordnung gegangen wäre. Er sagte ja und er hätte dieses Jahr eine ganze Menge Frauen dabei gefischt und einigen Leuten mit seiner Akupunktur gut helfen können. Ich nickte nur und erkannte, dass ich mich bezüglich seiner Person doch nicht ganz so getäuscht hatte. Er wollte den Menschen helfen, sich dabei gut fühlen und geliebt werden wie wir alle, auf die eine oder andere Weise im Leben.

Nachdem wir uns verabschiedet hatten, lief ich in der Dunkelheit die Straße nach dem Ort Finisterre zurück. Ich ging erst einmal in das Hostal und zog mich um, denn mit kurzen Hosen und T-Shirt war es doch ganz schön kalt geworden an diesem Abend am Meer. Ronja war da und wollte gleich wieder weg zur Fiesta. Ich sagte ihr, dass ich vielleicht noch nachkomme. Nachdem ich geduscht und umgezogen war, tat ich dies auch.

Ich empfand die Party sehr langweilig, da die Musik für meinen Geschmack zumindest sehr schlecht war und an jeder Ecke eine Menge Alkoholleichen lagen. Diese für mich empfindbare Disharmonie hatte nichts mit einem gebürtigen Abschied vom Camino für mich zu tun. Trotzdem blieb ich bis gegen 01:00 Uhr und ging dann erst in mein Bett. Zum Glück hatten mich die anstrengende Musik und der damit verbundene Lärm, sowie die vielen Menschen nun doch bettschwer gemacht. Ich hörte gerade noch wie Ronja nach Hause kam und schlief mit den Ohropax in den Ohren tief und fest ein.

10. September Finisterre

Gegen 08:00 Uhr am Morgen wollte ich auf die Toilette gehen, welche auf dem Gang des Hostals in jeder Etage für jeweils drei Zimmer war. In dem Moment, wo ich die Zimmertür öffnete, stand direkt vor mir eine junge hübsche Frau. Ich hatte diese schon einmal auf dem Camino gesehen, doch ich erschrak gewaltig und war etwas verdattert, denn ich hatte noch das Nachtkleid an und war noch nicht richtig wach.

Es war eine Freundin von Ronja und diese wollte sie abholen, um Sonny, den verrückten Amerikaner, so nannte sie ihn, zusammen am Bus zu verabschieden. Ich weckte schnell meine Zimmergenossin, ließ die Freundin ein und flüchtete auf die Toilette.

Als ich davon zurückkehrte war Ronja bereits angezogen und zog mit der Schönen los. Ich zog mich an und ging zum Frühstück in eine Bar gegenüber der Bushaltestelle, und da es bereits angenehm warm war setzte ich mich auf die Terrasse mit Blick auf das Meer und den Hafen von Finisterre. Ich saß dort nicht lange allein und zu mir gesellte sich erst Uschi und dann Heiner. Auch die beiden waren Pilger. Heiner war in Frankreich losgelaufen und war 8 Wochen lang allein bis hierher gelaufen, dabei hatte er knapp 1.500 km zu Fuß zurückgelegt. Heiner, welcher beim Essen immer seine Zahnspange heraus nahm, verabschiedet sich schnell nach dem Frühstück und so blieb ich mit Uschi dort eine ganze Weile sitzen.

Uschi war in Roncesvalles, in der ersten Stadt des Jakobsweges in Spanien, losgelaufen. Sie stammte aus dem Ruhrpott und hatte dort ein kleines Unternehmen, wo sie als Psychologin hauptsächlich Personalcoaching betrieb. Sie beschrieb sich im zarten Alter von 55 Jahren mir gegenüber als Schamanin. Sie war nach der 4. Ehe nun endlich längere Zeit ledig und in den vielen Jahren zur Männerhasserin mutiert, und ich konnte von Glück reden, dass sie sich mit mir überhaupt noch unterhalten hatte ;-).

Uschi war doch eine höchst interessante Persönlichkeit und es machte einfach Spaß mit ihr da zu sitzen. Sie vermittelte mir in der kurzen Zeit einige Erfahrungen ihrer beruflichen Laufbahn.

Sie erklärte mir als Erstes, dass man Andere immer verurteilt bzw. sich beschwert wegen ihrer Eigenschaften. Doch hauptsächlich stört einem das an den anderen, was man bei sich selbst vermisst und vom Gegenüber gezeigt bekommt. Wenn man zum Beispiel sehr ordentlich ist, stört einen die permanente Unordnung welcher der Partner verursacht. Aber in Wirklichkeit gesteht man sich nicht ein, dass man in seiner zwanghaften Ordnung sich doch gern einmal ein wenig Unordentlichkeit hinein wünscht, dies aber nicht zulassen kann bzw. will.

Als Zweites zeigte sie mir auf, dass die Menschen am Weitesten kommen, welche sich nicht auf bestimmte Dinge versteifen. Sie nehmen immer dankbar die Gegebenheiten an und kommen durch die Erfahrungen immer weiter und werden dadurch erfolgreich. Die anderen, welche ständig große und spezifische Ziele im Auge haben, tun sich sehr schwer diese zu erreichen und es müssen viele Barrieren überwunden werden, so in der Art als wenn man gegen den Strom in einem Fluss schwimmt. Sie arbeiten und arbeiten und kommen nie so richtig an, da die Richtung wahrscheinlich nicht die vorgegebene ist. Manch einen solchen Gegenstromschwimmer konnte Uschi im Coaching bereits umpolen, aber andere, meinte sie, lernen es nie. Die, die sie umpolte sind heute noch dankbar ihre Stromrichtung durch ihre Hilfe erkannt zu haben. Die Anderen schwimmen immer noch falsch herum und kommen wahrscheinlich ihrer Meinung nach nie richtig an. Somit wäre es nicht immer ratsam, genau eben die Ziele erreichen zu wollen die man will, solange man gar nicht richtig weiß, welche Richtung die eigene und somit die ursprüngliche ist.

Zu uns gesellten sich dann Tanja und Maike zum Frühstück und so schwatzten wir eine Weile weiter über das Leben und seine Wunder sowie Eigenheiten. Ich erzählte dann von dem schönen Strand, welchen ich von der Bergspitze gestern gesehen hatte und Uschi erzählte, dass sie dort gestern den ganzen Tag lang in der Sonne gelegen hatte und da wäre es ihr vorgekommen wie im Paradies. Sie erklärte mir auch gleich den Weg dorthin und erzählte mir, dass sie jetzt genau dorthin gehen würde. Ich sagte, dass wir uns dann bestimmt noch sehen würden.

Ich raffte mich dann auf und ging erst einmal in unser Hostal. Dort packte gerade Ronja ihre Sachen, denn sie wollte die letzte Nacht mit ein paar anderen Mitpilgern am Strand verbringen und dann am nächsten Morgen den ersten Bus nach Santiago nehmen, da ihr Flug nach Hause ginge. Ich versprach ihr, sie am nächsten Morgen noch zu verabschieden, packte mir meine Badesachen und was zum Essen ein und ging zum Traumstrand.

Als ich angekommen war, war ich überwältigt von der Schönheit, welche ich dort vorfinden durfte.

Die Felsen fielen flach herunter zum Sandstrand. Neben dem Weg befand sich mitten in den Felsen eine Süßwasserquelle, deren kleines Rinnsal kaskadenartig daran herunterstürzte. Das kristallklare Wasser versickerte dann unten im Sand. Das Wasser des Meeres war kristallblau und schlug große Wellen beim Liebkosen des weichen Strandes, und genau an dieser paradiesischen Ecke lag Schamanin Uschi.

Ich schlug mein Lager etwas abseits von ihr auf und gesellte mich aber zum Quatschen, während der Phasen wo ich nicht in der schönen Sonne schlief oder in den Wellen tobte, zu ihr. Uschi erteilte mir die dritte Lektion, die Philosophie der Balance.

Balance wäre bei jedem Menschen nicht nur zweidimensional, sondern mehrdimensional um ein Vielfaches. Sie sagte, man müsse sich dies, je nach der individuellen Situation des jeweiligen Menschen wie ein Tisch mit mehreren Tellern vorstellen. Dabei könnten dies 20, 50 oder 100 Teller sein und die Teller stellen die verschiedensten Bedürfnisse der Person dar. Die Teller sollten immer gleich gefüllt sein, denn unter- oder überfüllte Teller würden sich meist zu Lasten anderer Teller ausgleichen. Ich verstand sofort und fand auch ein passendes Beispiel. Ich erzählte Uschi, dass ich immer wieder mit Rauchen aufhörte, obwohl ich es gerade in Gesellschaft doch sehr angenehm finde ein paar Zigaretten zum Bier oder Wein zu rauchen. In der

Zeit wenn ich dann aber nicht rauche, gleiche ich den Teller Rauchen bzw. Sucht mit dem Teller täglichen Joggings als Suchtersatz und dem Teller Meckern gegen Raucher aus.

Uschi meinte nur, dass dies ja nur kleine Übel dieser Welt wären und es bestimmt nicht schade, wenn ich ab und an rauche ohne in eine tägliche Sucht zurück zu verfallen. Ärmer wären jedoch die dran, die auf Grund des leeren Tellers Liebe und Zuneigung, die Teller Aggression und Gewalt in ihrem Leben füllen und dann nur das aus dem Leben heraus bekommen, was sie in das Leben hinein geben, nämlich Lieblosigkeit und Abneigung gegen sich. Das Letztere würde somit auch den Austausch von Tellern mit anderen Personen darstellen und dies wäre ein nie endender Kreislauf bei diesem Ausgleichsprinzip, meinte sie zum Schluss unserer Unterhaltung.

Uschi ging dann in die Stadt, um noch ein wenig über die Fiesta zu bummeln und wir verabredeten uns zum gemeinsamen Abendessen. Ich blieb noch eine Weile in der Sonne liegen, bis sie begann unterzugehen. Mit untergehender Sonne lief ich zurück, machte mich zurecht und traf mich mit Uschi gegen 21 Uhr in der Bar, wo wir am Morgen bereits gemeinsam gefrühstückt hatten. Nach dem Essen schlenderten wir noch etwas über die Fiesta und gingen dann zu Bett.

Ich stellte mir den Wecker an meiner Uhr, welche ich nach fast 4 Wochen wieder einmal in der Hand hatte, denn am nächsten Tag reisten Ronja und Tanja ab. Von der vielen Sonne und den Erkenntnissen des Tages schlief ich unmittelbar ein.

11. September Finisterre

Am Morgen kam Ronja ihre restlichen Sachen aus dem Hostal holen, denn an diesem Tag musste sie bereits nach Hause. Wir gingen gemeinsam zum Frühstück in die kleine Bar, wo auch bereits Maike und Tanja beim Essen waren, denn auch Tanja musste heim.

Es regnete und ganz Finisterre war grau und deprimiert, als ob es den Abschied von einigen mir lieb gewordenen Menschen mit dieser Stimmung noch schwerer machen wollte.

Nach dem stillen Frühstück, denn niemand sprach, kam schließlich der Bus aus Santiago an und zu unserer Überraschung stieg Judy aus. Es gab ein herzliches Hallo. Doch zum Tausch, denn der Weg gibt und nimmt, mussten wir jetzt die anderen beiden Mädels verabschieden.

Am meisten schmerzte mich dabei der Abschied von Tanja, welche ich unbewusst ganz tief in mein Herz eingeschlossen hatte. Sie schenkte mir zum Abschied eine Muschel in der Form eines Herzens und bat mich, immer auf den Weg direkt vor mir und auf die kleinen Zeichen zu achten, und nicht immer wie bisher in die Ferne zu schweifen. Ich schenkte Tanja meinen Füller mit dem ich den ganzen Weg mein Tagebuch, von der ersten bis zu diesem Zeitpunkt fast letzten Seite, geschrieben hatte, denn Tanja war dieses »wirkliche« Geschenk wirklich wert. Unsere Seelen rangen beim Abschied mit uns, doch die Tränen konnten wir nicht mehr verbergen und es kam mir vor, als ob mir in diesem Moment ein Stück Herz herausgerissen wurde.

Dann noch der Abschied von Ronja, welcher mir zwar etwas leichter fiel, aber dennoch auch sehr weh tat. Der Bus fuhr ab und wir waren fast allein. Neben mir standen noch Maike und Judy, der Rest meiner Mitpilger. Wir gingen dann noch einmal frühstücken, denn Judy hatte noch nicht gegessen.

Da ich ein Bett im Hostal frei hatte, quartierte Judy sich bei mir ein, um dann das Zimmer die nächsten Tage gleich behalten zu können, denn sie konnte im Gegensatz zu mir später noch etwas in Finisterre bleiben.

Obwohl es regnete, wollte ich meiner neuen Zimmergenossin meinen Traumstrand zeigen, an welchen ich an meinem letzten Tag vor Ort eigentlich den ganzen Tag liegen wollte. Auf dem Weg zum Strand schallte aus einer Bar einer meiner Lieblingssongs aus meiner Jugend, welchen ich sehr lange nicht mehr gehört hatte. Es war der Titel von Whitesnake »Here I go again« und ich dachte noch, dass dies zum Abschied von allem hier doch sehr gut passte.

Das Wetter besserte sich etwas und als wir schließlich das Paradies am Meer erreichten, schoben sich die Wolken beiseite und es schien die Sonne. Dies kam mir wie eine Art Trost vor und wir setzten uns auf die warmen Steine und schauten dem Meer zu wie es ungeniert den weichen Strand und die Felsen berührte. So verharrten wir in Unendlichkeit, jeder in seinen Gedanken versunken und doch mit dem stummen Verständnis für den Weggefährten.

Doch leider duldete das Wetter diese kleine Ewigkeit nicht lange und es begann zu regnen, erst seicht und dann stärker, so dass wir ins Hostal flüchten mussten. Dort legten wir uns vor Müdigkeit nieder und schliefen den ganzen Nachmittag durch, bis uns Uschi und Maike mit Klopfen an unserer Tür weckten. Sie wollten mit uns Essen gehen, da dies der letzte gemeinsame Abend war, denn Maike und ich mussten am nächsten Morgen auch abreißen. Außerdem hatte Maike um Mitternacht ihren Geburtstag und wollte (vielleicht) noch rein feiern.

Wir gingen zuerst in ein tolles Fischrestaurant und dinierten vom Feinsten. Langusten, Fisch, Muscheln und dazu jede Menge Wein. Mit vollen Mägen und leichten Schlagseiten erreichten wir gegen 23 Uhr unsere kleine Bar, in welcher wir jeden Morgen gefrühstückt hatten.

Die Kellnerin wollte den Laden gerade schließen und Maikes Party schien fast zu kentern. Doch ich wand all meine Überredungskünste an und lud Isabella ein, mit uns zu feiern, was sie, da wir ja jeden Tag schließlich ihre Stammgäste waren, auch tat. In der Bar lief U2 wie immer wenn ich in der Bar war und ich war erstaunt, wie oft diese Songs, seit der Zeit als ich mir diese am ersten Morgen beim Frühstück einmal wünschte, liefen.

Isabella holte uns Champagner aus dem Keller, welcher so verstaubt war, dass sie die Flaschen mit heißen Wasser erst einmal gründlich reinigen musste. Wir mussten ihr auch versprechen, ihrem Chef nichts über den Genuss des guten Tropfens zu sagen und die leeren Flaschen nach der Party außerhalb der Kneipe entsorgen.

Dann trudelte noch Toby ein, der an diesem Tag erst angekommen war und am nächsten Tag schon wieder abreisen musste. Er trank schnell ein Glas mit uns und verschwand noch vor Mitternacht in sein Quartier. Mit seinem Abgang erschien ein Rollstuhlfahrer am Eingang und klopfte. Ich ging zur Tür, öffnete diese und half ihm über die Schwelle in die Bar.

Zoltan war in seinem Rollstuhl aus Rumänien rund 5000 km angereist und wollte die nächsten Tage weiter nach Jerusalem. Ich war so ergriffen und begeistert, dass ich ihm mein Armband mit den Beschilderungspfeilen des Camino für seinen weiteren Weg schenkte. Dieses hatte mir immer den ganzen Weg Glück gebracht und mich bis hierher behütet, jetzt sollte es bis Jerusalem Zoltan weiterhin Energie und Kraft liefern.

Endlich war es Mitternacht und Maike wurde 64. Wir stießen mit einem großen Hallo auf sie an und umarmten und drückten sie fest. Es kam mir vor, als ob ich in Familie den Geburtstag eines ganz lieben Menschen feierte und entdeckte dabei, dass Familie der Bereich ist wo man sich am wohlsten fühlt und nicht unbedingt dort, wo Verwandtschaftsverhältnisse verankert sind. Nachdem Motto, zu Hause ist kein Ort sondern ein Gefühl, feierten wir vergnügt weiter und dabei musste Isabella noch öfters in den Weinkeller ihres Chefs gehen.

Gegen 2 Uhr verabschiedeten wir uns von Isabella und Zoltan, nahmen die leeren Champagnerflaschen mit und torkelten alle betrunken in unser Hostal. Die Abendkosmetik fiel an diesem Abend gänzlich aus und Judy und ich schliefen sofort ein.

Lohnt sich Optimismus im Leben?

12. September 2006 Finisterre – Santiago de Compostela – Mallorca – Dresden

Um 06:30 Uhr klingelte mein Wecker und ich fühlte mich vom Alkohol und dem Rauchen (ich hatte den Teller mit den Zigaretten wieder einmal reichlich gefüllt) so elend, dass ich für einen kurzen Moment dachte einfach liegen zu bleiben und den Bus sowie den Flieger sausen zu lassen. Aber diszipliniert wie ich so bin, stand ich auf und unterzog mich dem Exerzitium des kalten Duschens, welches mir etwas Leben zum Packen einhauchte. Nachdem ich dies auch hinter mir hatte, schlenderte ich mit Judy runter zur Bar zum Frühstück. Maike und Uschi waren bereits da und warteten auf uns. Der Chef bediente uns an diesem Morgen in der Frühschicht persönlich und ich musste ihn trotz Übelkeit ständig anlächeln, da ich ja vor wenigen Stunden seinen 20 Jahre alten Champagner noch getrunken hatte.

Wir verabschiedeten uns dann relativ schnell von Judy und Uschi und stiegen zusammen mit Toby, welcher auch abfuhr, in den Bus nach Santiago de Compostela.

Die Busfahrt war eine Katastrophe für mich, denn ich war ständig am überlegen ob ich mich nun übergeben musste oder nicht. Schon die Angst im Bus zu brechen war fast wie das Brechen selbst und ich fühlte mich hilflos und ausgelaugt. Als ich in Santiago nach drei Stunden Busfahrt endlich aussteigen durfte, war das Gefühl auf einmal wie weggeblasen.

Da wir alle nochmal zur Pilgermesse wollten, liefen wir zur Kathedrale und trafen auch noch Heiner, welcher bereits am Vortag nach Santiago gefahren war. Gemeinsam gingen wir zur Messe und ärgerten uns darüber, dass für VIPs die ganzen Sitzplätze reserviert worden waren. Mir war das eigentlich relativ egal, weil ich nicht mit den Strapazen des Weges gerade angekommen war. Ich war ausgeruht und brauchte nicht unbedingt sitzen. Doch hinter und neben mir standen Pilger, welche gerade erst hier angekommen waren. Dies machte mich wütend und ich beschwerte mich bei den Absperrhelfern darüber, dass die Pilger zur Pilgermesse stehen und die VIPs sitzen sollten und was dies denn bitte schön für eine »Pilgermesse« darstellen würde. Da ich dies energisch und lautstark machte, wurde die ganze Aufmerksamkeit des näheren Umfeldes auf die Diskussion gelenkt und das Securitypersonal gab schließlich nach. Die eben angekommenen Pilger durften sich alle setzen und die VIPs, die noch keinen Sitzplatz hatten, mussten stehen.

Die Messe selbst löste in mir wieder einmal mehr dieses Gefühl von Gemeinsamkeit und Zusammengehörigkeit mit den Menschen hier und auf der ganzen Welt aus und mir liefen wieder einmal vor lauter Glück die Tränen aus den Augen.

Nach der Messe fuhr ich mit Toby und Heiner mit dem Bus zum Flughafen. Dort trank ich mit Toby noch einen Kaffee, checkte mich ein und stieg ohne den Gedanken zu sterben in die Boing von Air-Berlin ein.

Im Flieger nach Mallorca saß ich neben Thomas. Er war Oberarzt und war vor 4 ½ Monaten in Stuttgart einfach losgelaufen. Somit war er ca. 2500 Kilometer zu Fuß nach Santiago gelaufen. Er hatte fast eine ähnliche Lebensgeschichte wie ich und hatte an einem Punkt in seinem Leben gemerkt, dass es überhaupt nicht sein Leben ist, was er lebte. Er wollte noch ein paar Tage auf Mallorca verleben und danach in Stuttgart seinen Job hinschmeißen, von dem er sich Jahre lang hat ausbeuten lassen.

Er wollte endlich das machen was ihm in die Wiege gelegt worden ist. Sein Herzenswunsch war Bergführer zu werden, wobei er die Ausbildungen dazu bereits schon in seiner Freizeit absolviert hatte. Außerdem wollte er auswandern und zwar in ein Land wo nicht immer alles zerredet wird. Denn die ewigen Diskussionen der unterschiedlichsten Anschauungen ließen seiner Meinung nach nichts entstehen und waren meist hinderlich, da sich nie über diesen Weg etwas durchsetzen konnte. Er meinte, bei friedlebenden Völkern wie z. B. den Indianern gebe es glücklicherweise noch ein Stammesoberhaupt, welches in kritischen Frage das letzte Wort sprechen würde und dessen Meinungen und Beschlüsse vor allem durch seine Weisheit, Erfahrungen und Persönlichkeit geachtet und befolgt werden würden.

Er erzählte mir weiterhin, dass er natürlich liebend gern in Deutschland bleiben würde. Die Menschen aber hätten dort mittlerweile zu wenig Mut und scheuten sich zu sehr der Verantwortung für ihre Denkweisen. Wenn die Menschen alle positiv und optimistisch für das Gute in der Welt stehen und denken würden, dann ließe sich auch das gesellschaftliche Überbewusstsein positiv stimulieren. Dies hätte zur Folge, dass die Ungerechtigkeiten, die Macht, die Habgier, die Angst und die Kriegstreiberei langfristig verbannt werden und durch Gerechtigkeit, Nächstenliebe, Freiheit und Frieden in der Welt ersetzt werden könnten. Es würde alles in Richtung des Guten streben und vielleicht könnte auch das gesamte Böse, und dies sei sehr philosophisch gemeint, auf einen anderen Planeten wie z. B. dem Mars verbannt werden, da wir schließlich mit der Erde nur ein kleines System in der Gesamtheit darstellten und ein Ausgleich sicher auch mit einem anderen System außerhalb stattfinden könnte.

Ich fragte mich ein zweites Mal auf meiner Reise über einen Menschen, wie verrückt der überhaupt war oder auch nicht?

In Mallorca angekommen verabschiedeten wir uns voneinander, denn Thomas blieb hier und ich flog in 2 Stunden weiter nach Dresden. Ich besorgte mir noch ein Mineralwasser und wollte dazu alternativ den Teller der Sucht füllen, doch der ganze Flughafen ist mittlerweile Nichtraucherzone geworden und außerdem hatte ich gar keine Giftnudeln mehr zur Hand.

Ich kam nach dem Flug von Mallorca, den ich komplett durchgeschlafen hatte, gegen 23 Uhr in Dresden an und nahm mir ein Taxi nach Hause, welches für 20 Kilometer 38,50 Euro kostete, und dachte dabei, dafür konnte ich ja mittlerweile nach München fliegen oder auf dem Jakobsweg drei Tage davon leben. Aber im Leben ist eben vieles relativ zu sehen und jeder hat so seine eigene Sicht auf die Dinge und die Welt.

Ankunft in Finisterre

Blick auf das »Capo de Finisterre«

Wegestein am Capo de Finisterre

Capo Finisterre

Pilgerschuh aus Messing am Capo de Finisterre

Fahnenmast mit Pilgersachen am Capo de Finisterre

Die Sonne fällt ins Meer am Ende der Erde

Traumstrand hinter dem Ort Finisterre

Maikes Geburtstags- Champagner

Über den Wolken nach Hause

Epilog

Nach dem Camino de Santiago wusste ich halbwegs wer ich war und was ich wollte. Ein Mensch und keine von der dynamischen Gesellschaft getriebene Maschine. Ich hatte gelernt wieder der Stimme meines Herzens zu vertrauen, da in der Zeit des Pilgerns keine Überstimmungen durch die auf dem Weg vorherrschende Umwelt dieser vorgekommen war. Ich lernte mich durch den gegangenen Weg und den dadurch entstandenen neuen Draht zum mir selbst ein wesentliches Stück besser kennen und lieben. Ich lernte was wichtig und unwichtig in meinem bisherigen Leben war und ist. Vor allem diese beiden Dinge voneinander besser zu unterscheiden, sowie die von außen gesteuerten Dinge besser für meine Bedürfnisse zu selektieren.

Ich hatte auf dem Camino entdeckt, dass es noch genügend Menschen auf der Welt gab, welche noch die wesentlichen Dinge im Leben erkennen konnten. Jeden Tag hatte ich als Geschenk mindestens einen solchen Menschen auf meinem Weg treffen dürfen. Dies gab mir wieder Mut und Hoffnung zugleich.

Ich hoffe, die Menschen durch dieses Buch inspirieren zu können »ihren eigenen Weg« zu gehen, egal wo und was dieser ist, sowie hoffe ich, dass ich die Menschen ein Stück weit auf die Verantwortung um ihre Denkweisen in der heutigen Welt aufmerksam machen konnte.

Danksagung

Alle Menschen, welche in diesem Buch vorkommen, gibt es in der Wirklichkeit. Es wurden von mir alle Namen und Wohnorte der Personen geändert. Viele Gedanken und Gespräche mit den Sinnsuchern auf dem Camino ergänzten meine bereits bestehenden Ansichten über das Leben und die Welt.

Zum Teil habe ich meine Reflexionen über das Leben, zur Verbesserung der Aussagekraft dieses Buches, in andere Münder gelegt. Danke den Personen, welche ich in diesem Buch für die Leser wieder beleben durfte. Danke dass es euch gibt, ich euch treffen durfte und ich von euch lernen konnte.

Einen großen Dank an alle meine Freunde, welche mich dazu gebracht haben dieses Buch endlich zu veröffentlichen.

Tin Pohl wurde 1967 geboren. Er ging in der ehemaligen DDR in die Schule und lernte anschließend den Beruf des Kfz-Mechanikers.

1986 begann er sein Abitur in der Abendschule nachzuholen. Die ehemaligen Funktionäre seines Betriebes versperrte ihm jedoch die weitere Zukunft, indem sie ihn mit der Verpflichtung in die Mitgliedschaft der SED und in die Staatssicherheit für den Studienplatz erpressten. Daraufhin beantragte der Autor die Ausreise aus der ehemaligen DDR.

Zeitgleich mit der Wende landet Tin schließlich in Bayern, wo er 3 Jahre lebte. Dort arbeitete er als Kfz-Mechaniker und Lagerist in einem Autohaus.

1993 kehrte er aber in seine Heimat zurück und baute dort ein neues Autohaus mit auf. Während dieser Zeit absolvierte er nach Feierabend eine Ausbildung zum Handwerkerkaufmann und studierte danach an der Wirtschaftsakademie Dresden Betriebswirtschaft.

Im Jahre 2001 übernahm er schließlich die Leitung eines Bildungsunternehmens. Während dieser Zeit absolvierte der Autor ein Fernstudium an der Fachhochschule als Dipl.-Kaufmann in den Fachrichtungen Marketing und Personal. Im Jahre 2006, im Anschluss an das Studium, verselbständigte er sich im Bereich Beratung und Coaching und arbeitet bis 2011 in diesem Bereich.

Seit 2012 besitzt und leitet er ein Unternehmen mit 15 Mitarbeitern.

Dies ist Tin Pohl's erstes Buch und er schreibt über die Einfachheit der Dinge und des Lebens. Die Erfahrungen, Reflexionen und Philosophien sollen dazu beitragen, die Menschen zum Umdenken für eine bessere Welt und Menschlichkeit zu bewegen.

LESERSTIMMEN:

»Mittags angefangen zu lesen und bis zum Abend durchgelesen, konnte einfach nicht aufhören und war gefangen darin.« Silke

»Ich war total berührt – habe gelacht und geweint beim Lesen.« Diana

»Ein kritischer Blick auf unsere Gesellschaft und unsere heutige Lebensform und –art. Hier wird für Jeden etwas angesprochen.« Rico

»Gelungen und schön, regt an zum Nachdenken für eigene Gedanken und Träume.« Anne

»Danke für dein Vertrauen, dass ich vorab dein Manuskript lesen durfte. Obwohl ich ja nicht so die Leseratte bin, hat es mich derart gefesselt, so dass ich es in wenigen Tagen ausgelesen habe. Ich habe herzhaft gelacht und viele Stellen haben mich sehr berührt.« Maik

»Du weißt ja wie es ist, wenn man ein richtig gutes Buch gelesen hat. Man legt es zur Seite und denkt sich traurig, schade, schade, schon vorbei ... « Heike

»Ich habe es förmlich genossen die Geschichte zu lesen. Sie hat mich berührt, aber ich durfte auch oft herzhaft lachen.« Susi

»Kurz gesagt, bin ich den ganzen Weg beim Lesen mit dir im Buch gegangen und habe mir die Menschen, welches du getroffen hast bildlich vorgestellt.« Franz

»Dieses Buch regt an und inspiriert, selbst einmal über seinen Lebensweg nachzudenken.« Kerstin

»Ein Buch was mich sehr inspiriert hat. Ich war ganz schnell gefangen in deiner Gefühlswelt, den unvergesslichen Begegnungen und Erlebnissen, deinen Ängsten und den zutiefst berührenden Glücksmomenten. Ich war mittendrin, war selbst auf dem Weg.« Steffi